ロギング仕事術

Logging

課題に気づく、▶タスクが片づく、▶成果が上がる

倉下忠憲
Kurashita Tadanori

大和出版

はじめに

暗闇の中で仕事をしていませんか？

物事をうまく進めるのって難しいですよね。

資格試験の勉強を毎日やろうと思っても三日坊主で終わってしまったり、休日を充実して過ごそうとやりたいことをたくさん計画しても、気がついたらネットサーフィンをして一日が終わっていたり、重要な会議に向けてプレゼン用のスライドを作り込もうと思っていても、実際は前日までまったく準備ができず、ほとんど使い回しでぶっつけ本番になってしまったり。

そんなふうに物事を思い通りに進められないと、自分が劣っているような気がしてきます。しかし、本当にそうなのでしょうか？

たとえば、急に目をつぶって歩けと言われたらどうでしょうか。ちょっと困りますよね。うまく歩けるか不安ですし、まっすぐ進んでいるのかもわかりません。実際やってみると、自分ではまっすぐ歩いているつもりでも、右か左に大きくズレてしまいますし、壁や電柱にぶつかったり、溝にはまったりしてなかなか危険です。

あるいは、海の上に浮かぶ船を考えてもいいでしょう。はるか沖まで出てしまうと、まわりには何もなくただ水平線があるだけです。そうなると、自分がどれだけの速度でどこに向かって進んでいるのかがわからなくなります。そもそも進んでいるのかどうかすら曖昧になるでしょう。現在地点と進行速度がわからなければ、たとえ地図を持っていたとしても使いようがありません。

どちらの場合でも、重要なのは「周囲の状況」です。それが目に入るからこそ私たちは方向感覚を維持できます。逆にそうした手がかりが失われてしまうと、あっという間に方向感覚は役立たずになります。そこでは歩行者の才能も船の性能も関係ありません。ただ情報が不足しているだけで、失われてしまう能力があるのです。

ここで生じているのは**能力の問題ではなく、情報の問題**です。どんな情報を手にするかによって、道行きの容易(たやす)さが大きく変わってくるのです。

あなたがもし仕事上で多くの困難を抱えているとしたら、あるいはいつも頑張っているのに思うような成果が上がっていないとしたら、それは情報が不足しているのかもしれません。

もちろん、純粋に能力不足の状態もあるでしょう。その場合は情報ではなくより具体的な訓練が必要となります。しかし、そうした訓練もまたひとつの道行きであることを考えれば、情報によるサポート体制を整えておくことは有意義だと言えるでしょう。

だとしたらまず取り組むべきは、情報不足状態を改善することです。必要な情報を手にできるようにするのです。


でも、どうやって?


実に簡単な話です。**自分で記録をつければいいのです。**自分に関する情報を、自分で残すこと。これがもっとも単純な解決策です。

航海の話に戻れば、GPSなどの電子機器が存在しない時代では、船がどのくらいの速度で進んでいるかを確かめるために、木が使われていました。

木でどうやって船の速度を測るのか? たとえば、船の前方に丸太を投げ込んで、それが船尾を通過するまでの時間を計ります。船の長さはわかっているので、あとは割り算すれば「距離÷時間」の式から船の速度が導き出せるという寸法です。シンプルかつ合理的な方法ですよね。

他にも、紐をくくりつけた木板を船の後ろに投げ入れて、ある時間に流れ出た紐の長さを測ることで船の速度を計算する方法もあったようです。海に浮かんだ木と船が、どのくらいの時間で、どのくらいの距離離れたかがわかれば、速度を計算できるのです。

どちらも面白いですよね。船単体では速度がわからないので、木の板という「外部装置」を使い、相対的な関係を作っています。その関係からさまざまな情報が浮き上がってくるのです。

ちなみに、そこで使われていた木片が英語のLogであり（丸太という意味ですね）、その装置の測定結果を記した航海日誌がログブックと呼ばれていました。

何かしらの記録が「ログ」と呼ばれるようになった所以です。

本書で紹介する**ロギング仕事術**も、そうした測定と同じコンセプトを共有しています。

自分なりに工夫することで、得られる情報を増やすこと。

そうした情報を使いながら、自分の方向性や進路について見通しが立てられるようになること。

そんな状態を目指します。

地図や速度計がない船旅で遭難したとしても、船の性能が悪いわけでもなければ、舵取りの腕が悪いわけでもないでしょう。単に情報が不足していただけです。

仕事を進める場合でも同じことが言えます。

そこがどんな場所であり、自分がどこにいて、どこへ向かって進んでいるのか。それがわからなければ、仕事を進めてもうまくいく確率は低いでしょう。

ですからまずは、情報を手にすることを目指す。自分の航海に役立つためのログを残していく。そんなやり方がロギング仕事術です。

もし、うまく進めている感じを持てないならば、記録を残すことから始めてみましょう。そうして情報を増やし、適切な指針を見つけられるようになれば、そこか

らの船旅は大きく変わっていくはずです
もうひとつ大切な点があります。

現代ほど、人を迷わせる情報があふれ返っている時代はありません。注意を奪い、判断を惑わせ、心を激しく揺さぶる情報があふれ返っているのです。情報をひとつも手にできないことが不利益をもたらすのと同じように、余計な情報が多すぎることも進行を妨げます。

自分の記録を残していく行為は、必要な情報を増やしていくとともに不要な情報を遮断していく意義もあります。私たちにとって情報は空気のようなもので、どれだけそれに影響を受けているのかに普段は気がつきません。しかし、ガラッと情報環境を変えてみれば、効果はすぐ感じられるでしょう。

何を目にするのか、何を目にしないのかが、私たちに強い影響を与えるのです。

だからこそ、自分の記録を、自分で残していくことが大切になります。他の船がどう進んでいるのかも相対的な速度を計算するためには必要ですが、あくまで役割はそれだけです。まずフォーカスすべきは、自分がどんな位置にあり、どんな方向に進んでいるのか、ということ。そうした「一見価値もなさそうな情報」にこそ、真に有用な価値が眠っているものです。
その点にだけ気をつけて、錨を上げるとしましょう。
では、よき航海を。

令和5年9月

倉下忠憲

目次

第2章 ロギング仕事術の進め方

第3章 ログから思考を起動する

第4章 応用的ロギングパターン

第5章

シンプルなメソッドで「考える」を取り戻す

クイックガイド

ロギング仕事術を進めていくための6つの指針

本文デザイン　山之口正和＋齋藤友貴（ＯＫＩＫＡＴＡ）
図版　齋藤友貴（ＯＫＩＫＡＴＡ）
イラスト　うてのての
編集協力　和場まさみ
ＤＴＰ　青木佐和子

第1章

記録とともに進める
ロギング仕事術

記録をするだけのシンプルかつ強力な仕事術

本書はこれから「ロギング仕事術」という新しいメソッドを紹介していきます。そのコンセプトは次の一言でまとめられます。

【記録とともに仕事を進める】

どうでしょうか。とてもシンプルですね。単に仕事を進めるのではなく、記録とともに仕事を進めること。難しい話はどこにもありません。にもかかわらず、このメソッドはたいへん強力なのです。

というよりも、シンプルだからこそ強力なのだと言えるかもしれません。

高機能なツールを使い、要素をたくさん備えた複雑なメソッドは、確かにすごそうな雰囲気を醸し出しています。しかし、そうしたメソッドを習得するためにはものすごい努力と時間が必要でしょう。

一週間にわたるセミナーに通い、課題図書を隅から隅まで熟読し、習得までに厳しい訓練を重ねる……支払う代償は少なくありません。

しかし私たちが求めているのは、何かしらのメソッドのマスターになることではなく、単に仕事をうまく進められるようになることです。さすがにここまでの労力は必要ないのではないでしょうか。

さらに言うならば、複雑なメソッドはややこしすぎて微調整がききません。

昔のプラモデルくらいなら自分でも改造できますが、現代のドローンは素人の手に負えるものではないでしょう。同様に、精緻に組み上げられたメソッドは、ちょっとしたアレンジに向いていないのです。だから状況が少しでも変わってしまうと、まったく対応できなくなってしまいます。

シンプルなメソッドの強みはここにあります。シンプルであるがゆえに、状況に応じてアレンジするのも簡単なのです。

昨今はＶＵＣＡ（ブーカ）というキーワード（Volatility：変動性、Uncertainty：不確実性、Complexity：複雑性、Ambiguity：曖昧性の頭文字をとったもの）で、時代の予測不能性が言及されるようになっていますが、そうした時代において有用なものはシンプルであり変化していける手法でしょう。レゴブロックのようにシンプルなものの組み合わせを変えていくことで、複雑で変動性が高い状況にも対応していけるようになります。

だからややこしいメソッドを追いかけるのは止めておきましょう。シンプルな原理原則を持ったものから始める。これがひとつの指針です。ロギング仕事術はまさにそのようなメソッドだと言えます。

ロギング仕事術のイメージ

ではなぜ、【記録とともに仕事を進める】のでしょうか。

それについて考える前に、実際にロギング仕事術を行っているところをイメージしてみましょう。

まず、仕事を始める前にその日やろうとしていることを少し書き留めておきます【記録】。

次にメールをチェックして、返信するときに抜けてはいけない情報と、その後の対応アクションをメモします【記録】。

メールの返信を書いていたらうまく説明できない用語があったので、それを検索し、いくつかのページを見回りながら文面をまとめていきます【記録】。

それが終わったら、先ほどチェックしたページのURLをノートアプリに保存しておきます【記録】。

メールの返信が終わったので、次にやることを確認します。

朝のうちに書き留めておいたメモがここで役立ちます。午後からの会議の準備と、企画案のための資料集め作業があるのでした。

会議の準備は気が重いので、資料集めと称していろいろウェブサイトを見回ることにしました。SNSもチェックしないと。

……気づいたら、30分以上もウェブサーフィンをしていました。

えっと、何をしていたんだっけ……。メモを見返して自分が資料集めをしていたことを思い出しました。

気を取り直してウェブサーフィン中に思いついたことをメモし【記録】、時間が迫っている会議の準備に移ります。

会議のこれまでのパターンから上司に質問されるであろうことを先回りして考え、その答えもノートに書いておきます【記録】。

書き込む際に、前回の会議で気になったことをメモしていたものが目に入りました。会議に入る前に確認しておいた方がよさそうです。

会議が終わったら、内容を振り返って少しまとめを書いておきます【記録】。

メール処理と同じく、自分の役割を確認し、その後に必要になるであろうアクションについても書き留めます【記録】。

さて、これから何をしようか。時計を見ながら、これからやろうとしていることを少し書き留めます【記録】。

その後、次の作業に取り掛かります。

どうでしょうか。特別なことは何もありません。

単に仕事の合間に【記録】を残しているだけです。

その記録は、これからやろうとしている未来方向への記録もあれば、会議で話したことなどの過去方向への記録もあります。そして、それらの記録を使いながら仕事は進んでいきます。

●ロギング仕事術のイメージ

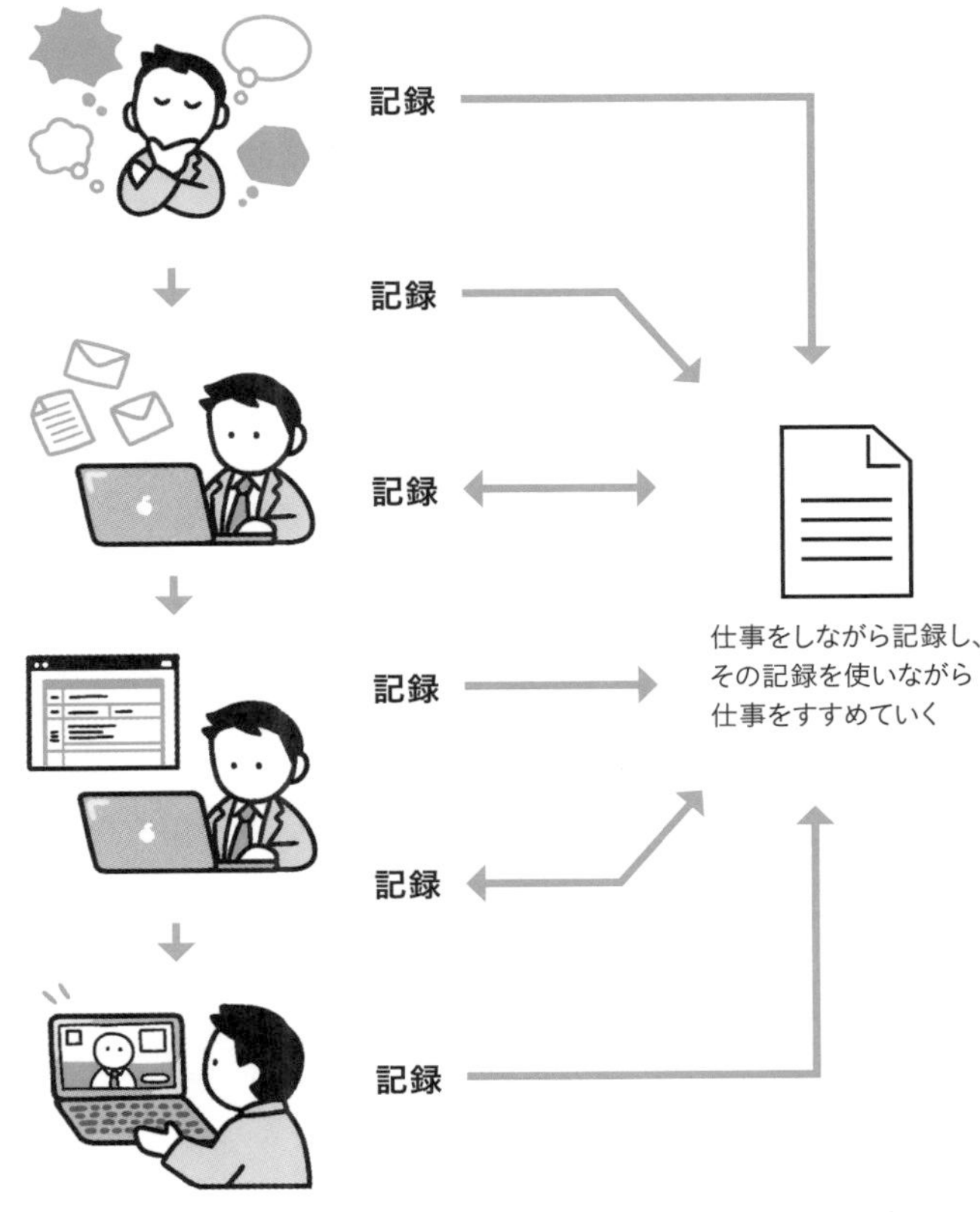

こうした仕事の進め方が【記録とともに仕事を進める】です。

この【記録とともに仕事を進める】には、ふたつの意味があります。

ひとつは「記録を残しながら仕事を進めること」。

これは、作業と作業の間に記録をしていくことです。

もうひとつは「記録を使いながら仕事を進めること」。

こちらは、記録したものを参照しつつ仕事をしていくことです。

つまり、記録を「残す」ことと「使う」ことが、ロギング仕事術の中心的なコンセプトになります。

メリットよりもうれしいことが増える仕事術

では、そんなふうにちょっとした手間をかけて記録を残すメリットとは何でしょうか。いや、言い方を変えましょう。

そうして記録を残しているとどんなうれしいことがあるのでしょうか。

「メリット」と「うれしいこと」はほとんど同じように見えて、少し違いがあります。

たとえば一円が手に入るなら、それはメリットと言えるでしょう。

しかし、自分の個人情報を売って手に入るのが一円だったらあまりうれしいとは思えません。つまり、わずかでも利得があればメリットと呼べてしまうわけですが、総合的に見てそれがうれしいことだとは限らないのです。

メリットはあるけれども、結果的にうれしくない状態になるのは避けたいところです。ですから、指針としてはメリット・デメリットではなく「どんなうれしいことがあるのか」を考えてみるのがよいでしょう。

記録を残すと増えるうれしいこと①「情報を後から利用できる」

では、記録を残すようにしているとどんなうれしいことがあるのでしょうか。大きく三つ考えられます。

ひとつめは「情報を保存しておくと後から利用できる」ことです。

メモやノートの意義として、最初に思い浮かぶものがこれでしょう。誰かから聞いたお店の場所、初めて会った人の名前や勤務先、ちょっとした思いつき、今月の計画など、人が扱う情報は多岐にわたっています。それらすべてを頭にたたき込むことはほぼ不可能でしょう。

しかし記録さえしておけば、そうした情報を忘れても構わないばかりか、積極的に忘れていけるようになります。つまり、脳内のスペースを空けられるわけです。「あれもこれも覚えておかないと」という状態に陥っていると、ろくに頭を働かせられません。頭を自由に使っていくためにも、情報は記録し、脳の余力を残していくのがよいでしょう。

さらには、一度使った情報は後からもう一度使われる可能性があります。必死にいろいろなページを検索し、その情報を参照しながら成果物を作り上げ、やれやれと思っていたら、一週間後にもう一度その情報が必要になった経験はありませんか？　私はよくあります。毎日の仕事が常に新しいものならともかく、仕事でも人生でも基本的には「継続」が主体です。同じようなプロジェクトに取り組み、同じような課題を解決し、同じような興味関心を持って生きていくものです。一度使われた情報がもう一度参照される可能性はかなり高いと言えるでしょう。

もしそうした情報が、明確なキーワードを入れたら検索結果のトップに出てくるのであれば、わざわざ記録する必要はありません。必要になったらググればよいだけです。しかし、手を変え品を変えて検索キーワードをいじり、ページの奥底にまで潜って見つけた情報は、もう一度それが必要になった際にも同じ手間を必要とします。想像しただけでゾッとしますよね。

だからこそ、頑張って探した情報ほど、簡単に見つけられるように記録しておくと、後々の自分がうれしくなるわけです。

ちなみにこうした手法のことを、コンピュータ実務では「ショートカット」（近道）と呼んでいます。デスクトップ画面によく使うアプリケーションのアイコンを置いてみたり、メニューから「保存」を選ぶ代わりにいくつかのキーの組み合わせを押してみたりするのがショートカットです。自分が調べた情報をまとめておくことは、「検索のショートカット」と呼ぶことができるでしょう。

記録を残すと増えるうれしいこと②
「自分のホームポジションを作る」

ふたつめのうれしいことは、「自分のホームポジションが生まれる」ことです。

私は、パソコン＋インターネットの環境で仕事をしていると、高確率で脱線してしまいます。調べものがあって検索していると面白い記事を見かけ、SNSに投稿しようとした際、今度は他の人が新しく買った本を紹介していたのを見かけたのでその本について検索し、さらにその著者についても検索し……。気づけば当初の仕事とはまったく関係ないことをしているのです。もし仕事道具が万年筆と原稿用紙だけだったら、こうした脱線は起こらなかったのではないかと道具のせいにしたくなってきますが、もちろんパソコンとインターネットを使いながら脱線せずに仕事をしている人もいるでしょうから、私の移り気な性格が原因なのでしょう。

しかし、多機能な情報端末と、そこからもたらされる数々の面白い情報は、意志の力の強弱に関係なく人の心を惹きつけてしまう力があるものです。似たような経験をお持ちの方は、少なくないと思います。

● ログがホームポジションとなる

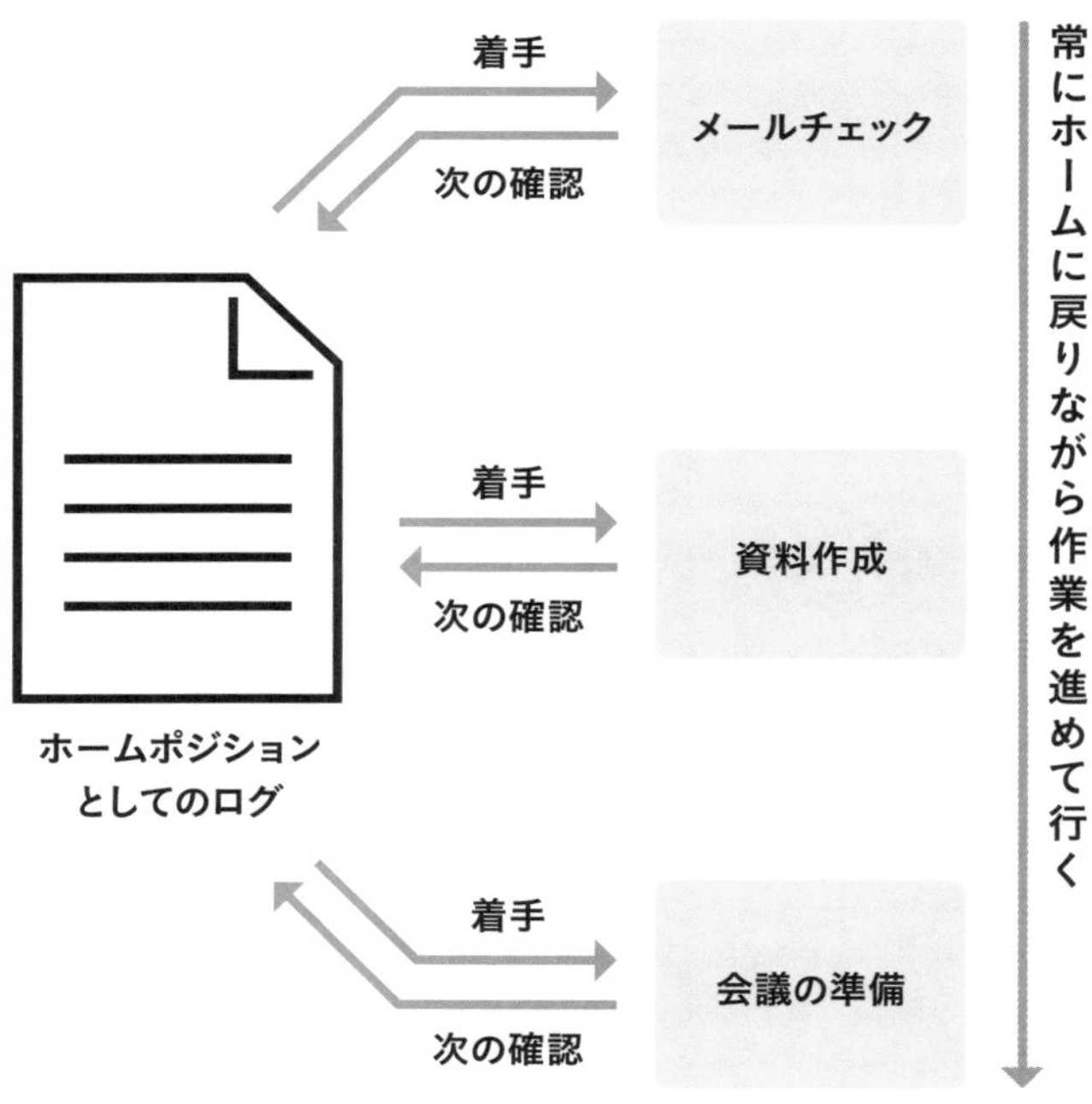

ここで役立つのが「今日、自分は何をしようとしていたのか」と「これから自分は何をしようとしているのか」という記録です。たとえ一時的に脱線して自分のやることを見失ったとしても、その記録にさえ立ち返れば本線に戻ることができます。

それが【自分のホームポジション】です。

ホームポジションとは、パソコンのタッチタイピングをするときに基本となる指の置き場所のことで、そこから指を伸ばしてキーを叩いたら、再びそこに戻ってくるという使い方をします。それと同様に、記録を書き留めて作業をしながら、再びその記録に戻ってくるようにすれば、その記録が【自分のホームポジション】になってくれるのです。

こうした自分のホームポジションを作ることで、「注意の舵を握る」ことができるようになります。

自分が何に注意を向けるべきなのかを記録することで、それに集中しやすくなり、仮に脱線しても舵を切って元の状態に戻すことができるのです。

この点がとても大切です。

たとえば、血のにじむような努力をしてインターネット的脱線誘惑を押さえ込めたとしましょう。素晴らしい結果ですが、作業中に周囲の人から話しかけられて対応している間に、先ほどやっていたことをすっかり忘れてしまうことは珍しくありません。また、人間の脳は目の前の出来事から注意を離し、ぼんやりとした思索に移りがちという傾向もあるようです（「マインド・ワンダリング」や「デフォルトモードネットワーク」で調べてみてください）。

こうした脱線の可能性が常に潜んでいることを考えれば、脱線しないように心がけるよりも脱線しても戻ってこられるようにしておくのが現実的でしょう。

記録は、その役割を担ってくれます。

記録を残すと増えるうれしいこと③「自分の情報が生まれる」

最後のうれしいことは、記録を続けることで自分に関する情報が残っていくことです。

先ほどから検索やインターネットがたびたび登場していますが、そうしたテクノロジーのおかげで「情報」は自分で保存しなくても外部に求めればいい、という風潮が生まれています。

確かにそうしたアウトソーシングは効率的ではあるでしょう。しかしながら、そこには「自分」の情報がありません。自分が何を思いついたのか、何をやろうとしていたのか。自分は何が得意で、何が苦手なのか。そうした情報は自然発生的には生まれてきません。もし「情報」をただアウトソーシングしているだけならば、自分についての情報は何も持ち合わせないことになってしまうのです。

「いやいや、自分のことなんて、自分がいちばんよくわかっているよ」

と思われるでしょうか。

しかし、人間は思いのほか自分のことがよくわかっていないものです。職場の中で、あなたが最も得意としている作業は何でしょうか。他の人が苦手としているのにうまくやれる作業は何でしょうか。転職しても別の職場で活かせる技能は何でしょうか。

最近のゲームやアニメでは「ステータス・ウィンドウ」が表示されて、キャラクターの能力やスキルが一目瞭然となっていますが、逆に言えばそうしたステータスが見えない限り、自分の能力すらわからないのだとも言えます。

- 自分はどんな作業なら得意にこなせるのか？
- 自分はどんな作業を苦手とし、人の助けを必要としているのか？
- 自分はどんな失敗の傾向があるだろうか。それにどんなリカバーをしているか？
- 一日のうち作業に集中できている時間はどのくらいあるだろうか？
- ひとつの仕事を仕上げるのにどのくらい時間がかかっているだろうか？

どれも漠然とはわかっているつもりでも、具体的な内容になると急に答えに詰まるのではないでしょうか。それがごく普通の感覚です。そんなことをいちいち細かく気にして生きている人はほとんどいません。知らなくても当然とも言えます。

しかし、そうしたことがわかっていないと困ることもやっぱりあります。

作業の脱線から復旧できないのも小さな困りごとですが、大きな課題を解決しようとしたり、人生の指針を考えたりするときに「自分の情報」を持っていないと、単なる「勘」で舵取りを決めるようなことになってしまいます。

「自分の情報」を残していく行為は、日々の小さな困りごとを解消するだけでなく、より大きな問題解決にも役立ってくれるのです。

うまく頭を使えるようになる

ここまでのお話をおさらいしておきましょう。
記録を残すと次の三つのうれしいことが起こります。

①情報を再度利用できるようになる
②【自分のホームポジション】が作れる
③自分の情報が生まれる

これらがうまく組み合わさることで、仕事の進め方はよりスムーズになっていきます。段取りがうまく立てられるようになるのがその一例です。

たとえば、一日の行動を段取りするためには、その日の予定や、終わらせなければならない作業を列挙して、それを適切な順番に並べていく必要があります。会議の準備は会議の前にやらなければいけませんし、朝のうちにしかつかまらない相手には午前中に電話を入れる必要があります。プランニングとも呼ばれるこうした認知操作はかなりハードワークで、ごく短いものならともかく、ある程度の長さがあるものは脳内だけで完結させるのは相当に困難です。

記録を使えば、その負荷を劇的に小さくできます。これからやることを書き留めておき、それを利用して順番を考え、その結果をリストにしておけば十分です。あとは、そのリストを見ながら実際に進めていくことで、段取りに沿った進行が可能になります。脳内だけでこれらすべてを担当するのは困難でしょうし、仮に気合いでやり切ったとしても、それ以外の仕事に向けるエネルギーがなくなってしまいます。頭をうまく動かすためには、適宜「外部記憶装置」を使っていくのがよいわけです。

ただし、その外部記憶装置そのものが重要というわけではありません。そうした装置に負荷の一部をアウトソーシングすることで、自分の頭をうまく働かせられるようになるという点が、重要なのです。

この点は、これから何度も確認していくことになるでしょう。

仕事をしながら記録をする理由

先ほど紹介したように、ロギング仕事術のコンセプトは【記録とともに仕事を進める】です。

この「ともに」というところが、大きなポイントです。

つまり、仕事をやり終えて一日の最後にまとめて記録をつけるのではなく、仕事の最中に記録をとるのです。「ロギング」と進行形になっているのはそのためです。

ではなぜ、仕事をしながら記録を残すのでしょうか。

それは、後から記録するのは困難が多いからです。

第一に、時間が経つと詳細を忘れます。印象に残った大きな出来事しか思い出せ

●仕事をしながら記録するメリット

仕事しながら記録する	仕事の後で記録する
●些細なことも抜け落ちない ●細かく記入していける ●記録することが注意の舵取りになる	●些細なことや詳細が抜け落ちてしまう ●まとめて大量に記入しなければならない ●仕事中の注意の舵取りはできない

＊後で記録しても構わないが、仕事中に記録することのメリットは多い

ません。日記であれば印象深いものを優先的に記録すればよいでしょうが、仕事を進める上での記録では、意外に些細な情報が重要になります。詳細を覚えている間に記録できるのが望ましいのです。

第二に、後で記録しようとすると量が多くなります。

たとえば、溜まりに溜まったレシートの処理。あれはとてつもなく面倒な作業で、誰かに怒られたり自分が損をしたりしない限りは、なかなかやる気が起きないものです。また掃除でも、放置していたほこりは硬くなってなかなか取れなくなります。何事も、できるだけ小さいう

ちに片付けておくのが吉、なわけです。

もちろん、どうしても時間がない場合は後からまとめて記録しても構いません。詳細がぼやけていても、情報量過多で手抜きになっても、何も記録を残さないよりは残しておく方が情報は増えます。

少なくとも、一日を振り返って自分を俯瞰的な視点で捉える効果はあるはずです。

ただし、仕事の後に記録を残すと、仕事中の「注意の舵を取る」効果は期待できなくなります。

この効果は、記録を書き残そうとすることと、書き残した記録を目にすることのふたつによって生まれています。つまり、記録を書き残そうとするからページを開き、そこで少し前に自分が書き残した記録が目に入り、それによって何をしようとしていたのかを思い出すという構図になっているのです。

記録だけがあってもそれを目にしなければ何も思い出せませんが、続けて記録しようとすることで過去の記録が目に入ってくるわけです。

だからこそ【記録とともに仕事を進める】ことが大切なのです。

記録を作りやすい現代だからこその方法

このように作業をしながら並行して記録を残していくやり方は、ひと昔前ならたいへんな苦労が必要で、およそ現実的ではありませんでした。なにせ手書き時代です。細かい情報まで書き残すのは、よほど書くことが好きな人以外は続けられないでしょう。

一方で、現代では手軽に記録するためのさまざまなツールが普及しています。仕事でパソコンをまったく使わない人は少ないでしょうし、連絡手段としてスマートフォンを持っている人も大半にのぼると思います。そうしたデジタル端末を使えば、手書きよりも圧倒的に楽に記録を残せます。キーボード入力やフリック入力もありますし、写真やスクリーンショットの画像、そして音声入力も十分使えるレベルになってきました。何か記録を残す方法は、今後もたくさん開発されていくでしょう。

ロギング仕事術は、そうしたテクノロジーの恩恵を存分に活用するメソッドだと

ログの方法の変化

アナログ時代

- 入力に時間がかかる
- 言葉以外を残すのが難しい
- 大量の情報を扱えない

デジタル時代

- 手軽に入力できる
- テキスト以外に画像や音声、URLも残せる
- 大量の情報を簡単に扱える

言えます。つまりこれは「現代的なデジタル仕事術」なのです。

とは言え、記録はパソコンを使わなければならない、と強制するものではありません。作業中にパソコンが使えないなら、ノートやメモ帳、あるいは情報カードといったアナログ道具で記録を残すのもよいでしょう。

なぜそれで構わないのかと言えば、先ほど述べたように重要なのは「自分の頭をうまく働かせられるかどうか」にあるからです。道具群はその目的に貢献するために使うのであって、道具それ自身のために使うのではありません。道具の便利さに目を奪われてしまうと、こうした真の目的を忘れがちです。何のためにそれをしようとしているのか、という観点はときどき思い出せるようにしておきましょう。

自分の環境を踏まえて、できるだけ手軽に記録を残せるツールを選択すること。

それがロギング仕事術を支える考え方になります。

空想上のパートナーに語りかける

ロギング仕事術の概要は、何となくつかめましたでしょうか？

具体的な進め方は次章以降で詳しく説明していきますので、ここでは全体のイメージを捉えていただければ問題ありません。

基本となるのは、仕事を進めつつ同時に記録をつけること。それだけです。

ただし、これだけですとあまりにも無機質な感じがするかもしれません。

そこでひとつ、ちょっと面白い提案があります。

突然ですが、あなたのバーチャルなパートナーを想像してみてください。

そのパートナーは、どんな形をしていても構いません。あまりネコには見えない猫型ロボットでも構いませんし、人間に近い妖精みたいなフォルムでも構いません。あなたの好みの姿で結構です。

そのパートナーに対して、自分が語りかけている様子をイメージしましょう。

「今からこの仕事をしようと思うんだ」

「このアイデア、すごく面白いと思わない？」

「さっきやった仕事でミスしちゃったから、次は別のやり方を試そうと思う」

こんなふうに、イメージの中で話しかけてみてください。あなたのパートナーは、きっと喜んで聞いてくれます。

なぜなら、話しかけてもらうことによって、パートナーはあなたについての情報を増やせるからです。

こうしてどんどん情報が蓄積されていくと、逆にあなたからパートナーに質問することもできるようになっていきます。

「さっきまでやっていた作業、何だっけ？」

「先週考えたアイデアって、何だっけ？」

彼らはその答えを、瞬時に返してくれるでしょう。

●空想上のパートナーに語りかけながら進めていく

何せすべての情報は、パートナーに記録されているのですから。

作業をしながら記録をつけることで行っているのは、概ねこうしたことです。記録や情報という言葉を聞くと、「データベースを構築する」ようなイメージを抱くかもしれません。すると、データの形式を整え、入力は細部を漏らすことなく行うべき、というような固い印象になってしまいます。あまり人間的な営みには思えませんし、実際そうしたことを続けるのはひどく苦労するでしょう。

しかし、自分のパートナーに語りかけているような感覚であれば、気楽に捉えられるのではないでしょうか。実際記録を残して喜ぶのは、空想上のパートナーではなく将来の自分なのですが（助かることがかなり増えるはずです）、直接的にはイメージしにくいですし、イメージしにくい行為は続けるのも難しいものです。ですから、記録が増えたら喜ぶ「存在」をイメージしておくのです。

また、パートナーをイメージして語りかけるように記録を残すようにすると、「頭だけで考え事をしなくなる」効果も生まれます。脳内だけで処理するのではなく、必ずそれを「アウトプット」する、つまり「頭の外に考えを出す」ようになるからです。すると、自分がやっていることを客観視できるようになります。この効果は存外に大きいもので、迷ったり悩んだりしているときほど効果があります。

「ただ仕事を進める」に比べると、「記録とともに仕事を進める」のは多少の手間が増えますが、その効果は計り知れないほどあります。

その効果を存分に活かすのがロギング仕事術です。

では次章ではそのロギング仕事術の具体的な進め方を見ていきましょう。

第2章

ロギング仕事術の進め方

記録のための記録にはしない

本章では、ロギング仕事術の実際の進め方を紹介していきます。

これから具体例を挙げていきますが、その前にひとつだけ注意があります。

「何を記録するのか」についての注意です。

ロギング仕事術では、何をどのように記録しても構いません。人が必要とする情報はそれぞれに違っているでしょうから、「これを記録しなければならない」と言えるものはないのです。

しかし、「これを記録してはいけない」と言えるものならあります。

それが「記録のための記録」です。

自分は何も興味関心を抱いていないのに、「記録した方がいいから」という理由だけで記録すること。それが記録のための記録です。

たとえば、目に入った車のナンバーをひたすら記録する、自分のパソコンのハードディスクの残り容量を淡々と記録する、上司の発言をしぶしぶ記録するといったことは、すべて「記録のための記録」と言えます。

もちろん、そうした記録も――ごく低い確率ではありますが――何かの役に立つことはあるでしょう。つまりメリットはあるわけです。しかし、そうした記録を続けていてもうれしくはありません。そればかりか、記録することが苦痛になっていくでしょう。さらには情報だけが増えて、見つけられるとうれしい情報がなかなか発見できなくなるといった弊害もあります。全体としてうれしくない活動なのです。

逆に、自分が興味関心を抱いている対象を記録していけば、それは「関心の足跡」になります。

自分はこのとき作業の効率化を熱心に行っていたのだなとか、何とかしてコミュニケーションを改善しようとしていたのだな、といったログが残っていくのです。しかし何でもかんでも記録をしてしまうと、そうしたログも薄れてしまいます。

あなたが少しでも興味関心を持っている情報であれば、どんな記録から始めてもらっても構いません。他の人から見たらくだらない対象でもOKです。ともかく、注意を向けたいと思っていることから始めてみてください。それが最も続けやすい対象ですし、続けることに意義が宿る対象でもあります。

「役に立つかどうか」ではなく——それは事前にはわかりません——「うれしいかどうか」。それを基準に考えてください。

そして、うれしい記録を増やしていきましょう。

ふたつの対象

では、実際にロギング仕事術を始めてみましょう。

どんな対象を記録していっても構いませんが、仕事をする上で記録しておくとうれしい可能性が高いものがふたつあります。

それは、

1 実際にやったこと（作業記録）

2 これからやろうとしていること（タスクリスト）

です。

まずはこのふたつの記録の始め方を紹介します。

気になるものが見つかれば、そこから始めてみてください。しばらく試してみて、「あんまりうれしくないな」と思ったら別の対象に移ってもらって構いません。逆に、記録を続けてうれしさが感じられるなら、別の対象にもチャレンジしてみましょう。

何にせよ、一気にすべてをやろうとしない方が賢明です。

まず何かひとつを選び、しばらくの期間実際にやってみる。

そういうスタートの切り方をしてください。そして、ある程度続けた後に「さて、どうだったかな」と振り返るのが記録とのうまいつき合い方です。

先回りしてあれこれ考えるのではなく、やってみてから考えること。

記録はまさにそのために役立ちます。ですので、フィーリングで選んでもらって大丈夫です。実際にやってみた後で、そのことについて考えてみましょう。

実際にやったこと（作業記録）

ロギング仕事術でよくある「うれしい記録」のひとつ目は、「実際にやったこと」です。これは、作業記録や日報に近いかもしれません。しかし、そのように呼んでしまうといかにも「ちゃんとしたこと」を書かなければならない、という気がしてきます。もちろん整えて書くこと自体は重要ですが、最初からそんなに気負ってしまうと、続くものも続きません。気楽に、それこそ架空のパートナーに話しかける感じで作業の記録を残していく方が続けやすいでしょう。

また、「実際にやったこと」を記録する最大の特徴は、「何かしら書くことがある」という点です。計画やアイデアは何も思いつかないことがありえますが、実際に何かを行ったのですから、必ず何かしら書くことは発生しています。それを記録すればいいだけですから、思い悩むことが少ないのがポイントです。

記録することに慣れていない人は、このように「実際にやったことを書く」から意識してみるとよいでしょう。

作業記録の「プロジェクト型」と「デイリー型」

こうした記録のつけ方は、大きく分けるとふたつあります。「プロジェクト型」と「デイリー型」です。

プロジェクト型は、何かしらの企画やテーマごとにノートを作り、そこにまとめて記録していくスタイルです。言葉通り仕事のプロジェクト（大型案件のこと）を扱ったり、自分なりの通年の課題を追いかけたりするときに便利です。

デイリー型は、そうした企画ごとの区別ではなく、日ごとにノートを切り分け、その日にあったことをすべて書いていくスタイルです。

デイリー型の例として、次ページの表をご覧ください。

「##８：00」は、時間（朝の8時）を意味しています。「###ＬＭ」は、ロギング・メソッドという言葉の略で、プロジェクトの名前を意味しています。

他のプロジェクトに着手する場合は「###ＴＨ」といった書き方をしますし、

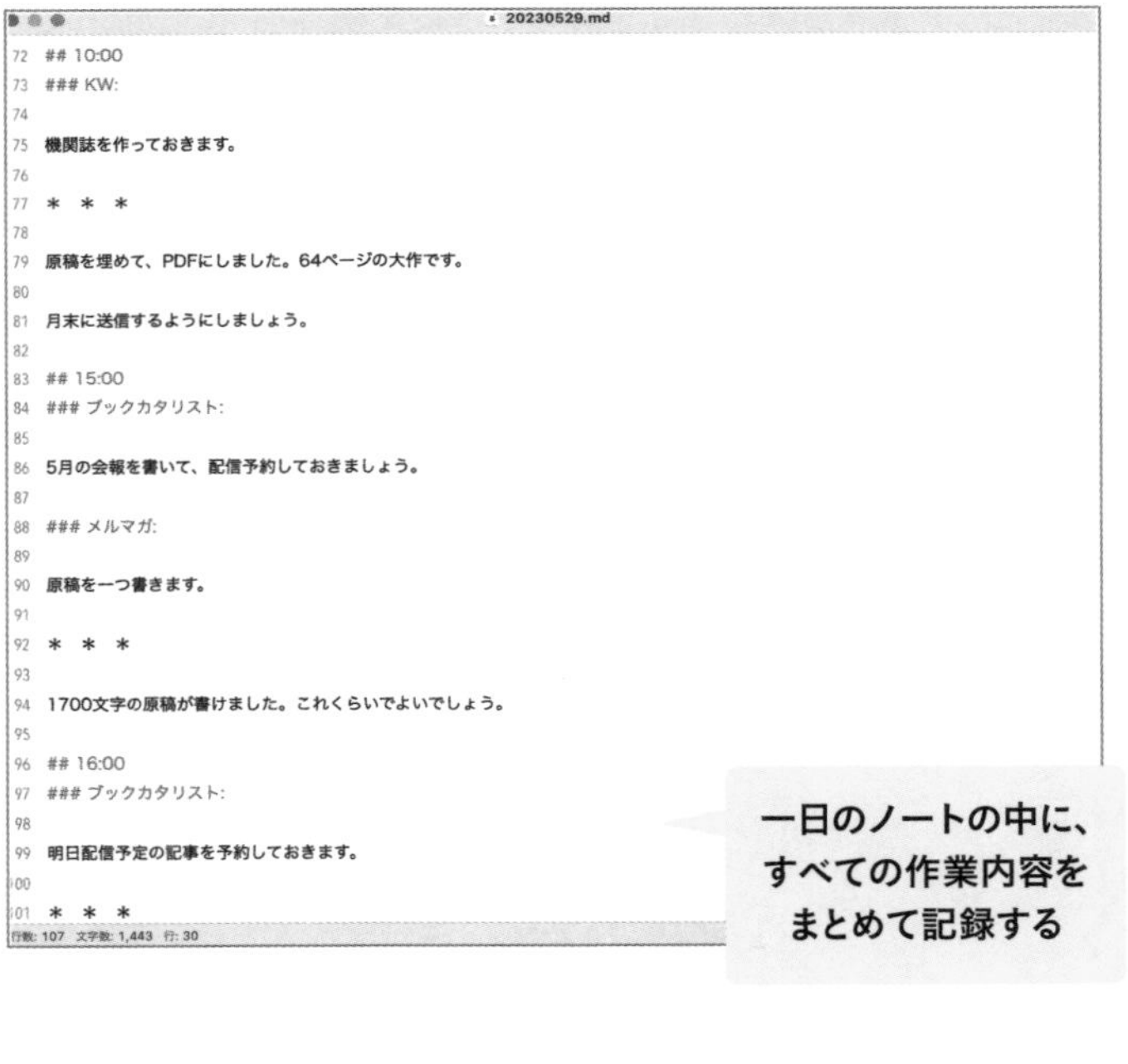

20230529.md

```
## 10:00
### KW:

機関誌を作っておきます。

＊　＊　＊

原稿を埋めて、PDFにしました。64ページの大作です。

月末に送信するようにしましょう。

## 15:00
### ブックカタリスト:

5月の会報を書いて、配信予約しておきましょう。

### メルマガ:

原稿を一つ書きます。

＊　＊　＊

1700文字の原稿が書けました。これくらいでよいでしょう。

## 16:00
### ブックカタリスト:

明日配信予定の記事を予約しておきます。

＊　＊　＊
```

行数: 107　文字数: 1,443　行: 30

一日のノートの中に、
すべての作業内容を
まとめて記録する

作業ごとにファイルを分けず、ひとつのファイルに時系列で書きつけていく

```
20230529.md

## 7:00

おはようございます。今日はいろいろな準備を進めます。

>> publish:[思考のアプリケーション / Evernoteのシン運用｜倉下忠憲](https://note.com/rashita/n/n6f91e4a30b09?from=notice)

### メルマガ:

まずは、ファイルの準備から。

＊　＊　＊

とりあえず、ファイルだけできました。原稿の中身を書くのは後に回して別の作業を進めます。

## 8:00
### LM:

10.txtを進めましょう。

＊　＊　＊

部分的に手直しして、3300字まで増えました。とりあえず5000字くらいにはなりそうですが、それ以上はどうでしょうか。

＊　＊　＊

最初にWorkFlowyに書き起こしたメモを読み返していたら、ずいぶん構成というか話題が異なっている事に気がつきました。もう一度これまで書いた分も合わせて整理しておきたいところ。

### KW:

ミニエッセイを書きます。

＊　＊　＊

行数: 107　文字数: 1,443　行: 1　　3 kB　Unicode (UTF-8)　LF
```

プロジェクトでないものは「### 一週間の振り返り」とそのまま名前を書くこともあります。

いずれにせよ、作業ごとに別々のノートに分けるのではなく、一日分の作業を一枚のノートに書き込むスタイルです。

ちなみに、さきほど「ノート」と書きましたが、アナログのノートだけでなく、デジタルノートのページやテキストファイルとして適宜読み替えてください。

要は、情報をまとめる単位として捉えてもらえば大丈夫です。

事務職やデスクワークなど一日の作業が同じ環境で進む場合は、デイリー型の方が使いやすいでしょうし、案件ごとに現場に出向いて作業するような環境の場合は、プロジェクト型の方が使いやすいでしょう。

とは言え、別に正解はありません。相性の問題です。

実際にやってみるまでは、どちらがしっくり来るのかはわからないので、あえて直感的に決めて、その後で自分に合うかどうかを見極めてみてください。

作業記録の書き方①　相手に伝えるように書く

では、そうした作業記録はどのように書き進めればいいのでしょうか。

作業記録というと「資料整理　30分」のように書くことが多いかと思います。

もちろん、それも立派な記録です。しかし、もし余裕があるならば「30分資料をまとめていました」と、あたかも空想のパートナーに知らせるように書くことを一度やってみてください。

それまでと脳の違う部分を使っている感触が出てくると思います。

たとえば、「資料って書いたけれど、これだと伝わらないかな。営業の資料と書いた方がいいかも」といった考えが浮かびやすくなるのです。そこには、より正確に伝わりやすく書こうとする意欲が生まれています。

面白い話ではありませんか。どのように文章を書くのかによって、頭の働き方が違ってくるのです。そんなふうに少しずつ頭の働き方を変えていくのが、ロギング仕事術のポイントになります。

もちろん、試してみて何か違うなと感じられたら、いつも通りの記述に戻してもらって構いません。最終的に自分が書きやすいやり方で書くのがいちばんです。その上で、ちょっとした「お試し」のつもりで「伝える方式」での記述にチャレンジしてみてください。

たとえうまくいかなくても、誰にも迷惑をかけないのがこのロギング仕事術のよいところです。自分用の記録を、自分でつけているだけなのですから。

新しいことを、少しずつ試してみてください。アレンジをしたり、カスタマイズを加えてみてください。

そうやって楽しんでいくことが、いちばん大切なことかもしれません。

作業記録の書き方②　どこまで詳細に書くのか

では、作業記録はどこまで詳細につければいいのでしょうか。

詳細であればあるほどよい、とは言えません。詳細に書けば、情報の精度は上がりますが、記入の手間が増え、後から見返すときに情報が見つけにくくなります。

記録はある程度絞り込む方が、情報としての有用度がアップするのです。

もしも詳細な記録にこだわるなら、「息を吸った」とか「キーボードのＫのキーを叩いた」というレベルで記述しなければいけません。かといって、「仕事をした」という一行の記述だけでは物足りなさがあります。

要するにこの問題は、「作業のまとまり」をどう捉えるのかという話で、実は深い問題が隠されているのですが、それは後々、体感されていくことでしょう。

最初はおそらく、記録することそのものが大変に感じられると思います。そこでさらに細かく書こうとしてしまうと、頭がパンクしてしまうでしょう。

だからこそ、まずは簡易的にいきましょう。

「取引先からメールが来ていたので読んで、返信した」

「30分資料をまとめていました」

といった記述でも十分役に立ちます。

作業記録の書き方③　課題・問題を書く

もうひとつ意識しておきたいのは、何かしら課題や問題が発生したら、それについて書く、ということです。

たとえば、メールをすぐに返信できたら「メールを返信した」でよいのですが、もし話がうまくまとまらずに本文が書き上がらなかったら、まずそのことを記録しましょう。つまり「メールを返信しようと思ったけども、うまくまとまらずに本文が書けなかった」という旨を書き残すのです。

そのように記録したら、そのまま終わりにしても構いません。しかしもし、記録を書きながら「なぜうまく書けなかったのか」「どうすればうまく書けただろうか」という考えが浮かんできたら、それも記録しておきましょう。もちろん、考えが浮かんできたら書けばいいのであって、書かなければいけないものではありません。

ただ、そんなふうに頭が動いているときは、対称を「分析」する思考になっていると言えます。そうした頭の切り替えを促す働きが「記録をつける」行為にはあるわけです。

面白いことに、頭が分析的になっていると、「こういう話を先頭に持ってくればもっとうまく話がまとまったのではないか」という思いつきがやってきて、それがそのまま解決策に結びつくことがあります。そうしたひらめきも、そのまま作業記録に書いてしまいましょう。つまり、メールの「下書き」をそこでやってしまうわけです。

「いや、でもこれは作業記録だし、メールを書く場所ではない」

もしかするとそこで、そんな拒絶反応に似た気持ちが湧いてくるかもしれません。

しかし考えてみてください。そこにメールの下書きを書いて誰かに迷惑をかけるでしょうか。そもそも、そのノートを「作業記録」を書く場所だと決めたのは自分です。物理法則で決まっているわけでも法律で決まっているわけでもなく、あくまで自分による選択（これを恣意的（しいてき）と言います）です。ですから「作業記録ではあるが、それ以外のことも書いてよい」と、改めて自分で決め直してもいいのです。

道具の使い方は、自分なりに決めて構いませんし、決めたものをさらに改めても問題ありません。一度きりの決定に従い続ける必要はなく、ケースバイケースで拡張していけるのです。それが自由ということです。

メールの例を続けると、「本文が書き上がらない」だけでなく、「途中苦労してなかなか本文が書き上がらなかったけども、なんとか書き上がった」場合でもその旨を書いておきましょう。特に「苦労したけども、こうやったらうまく書けた」という工夫があった場合は、ぜひとも記録しておきたいところです。そうした工夫もまた、後々別の場所で役立つかもしれません。

作業記録の書き方④　記録に濃淡をつける

このように作業記録をつけていると、自然と記録に濃淡が生まれます。

何事もなくスムーズに終えた作業は「メールを返信した」という簡素な記述に留まりますし、途中苦労したものはその苦労した部分の記述が増え、課題や問題が残ったものはその記録や分析の記述が増えます。

濃淡が出た方が、記録としては使いやすくなります。すべてがフラットに記述されていると、見るべき場所がどこなのかがわからなくなるからです。

何も問題なく仕事ができているならそこは掘り下げる必要がありません。一方で、問題があるなら重点的に考えるのはその場所でしょう。前記のように記録に濃淡があると、まさに記述が濃い部分こそが自分が重点的に考えるべき箇所となりますし、時間が経った後に読み返したいのも同じ箇所になります。

完全完璧な作業記録を残す必要はありません。自分がどんなことを考えながら作業しているのかの記録を残していけばよいのです。そうすれば自分にとって役立つ記録が少しずつ育ってきます。

これからやろうとしていること（タスクリスト）

「やったことを書く」という作業記録と対になる記録が「やろうとしていることを書く」です。人によってはこちらから始めてみるのもよいでしょう。予定を立てたり計画を考えたりするのが好きな未来指向派ならば、とりかかりやすいはずです。

やり方はふたつあります。

作業着手の直前に書く方法と、一日のはじまりにまとめて書く方法です。

まず、作業の直前に書く方法からみていきましょう。

この場合は、たとえば「今から溜まっているメールボックスを処理します」や「パソコンの調子が悪いので対処方法を検索します」といった感じで書き込みます。

作業の直前に書き込まれるこうした記録は、**「小さな宣言」**だと捉えられます。

つまり、これから自分が何を行うのかを、自分自身に宣言するわけです。すると曖昧な状態で作業に入ってしまうのを避けられるという「うれしいこと」が生まれてきます。

たとえば、宣言せずに「何となく」メールボックスを覗いてしまうと、何をするのかが明確になっていないのでついつい脱線してしまいます。さらに、何がどのくらいできたのかを判断するための基準も立てられないため、うまくいったのかどうかもわからなくなります。結果、だらだらと時間を使ってしまうのです。

また、事前に宣言を書いておくことで、作業が脇道に逸れても「元いた場所」に戻れるようになります。「ああ、そうだ。メールボックスの処理をしていたのだ」

小さな宣言とその結果のログ

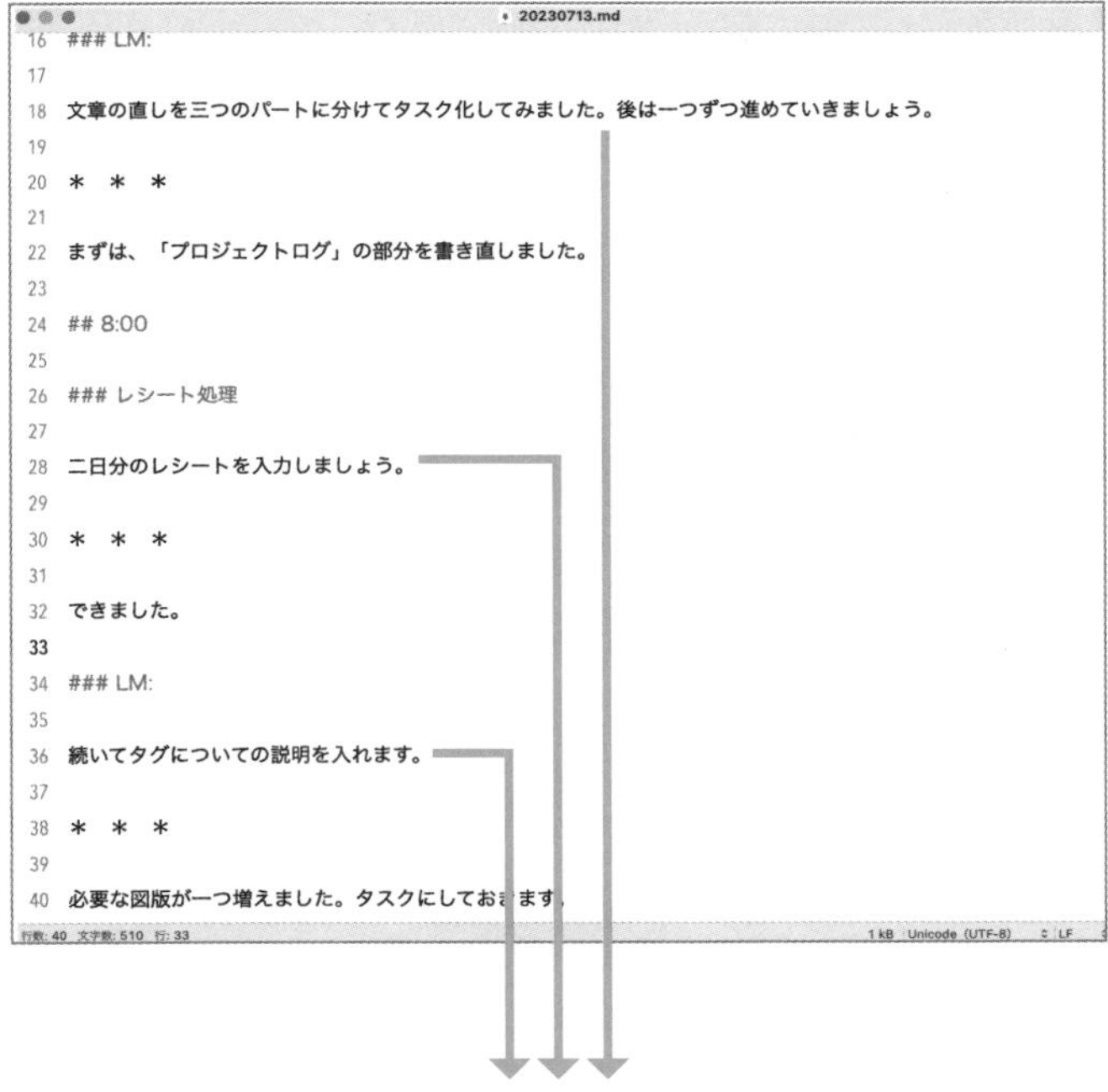

すべてが小さな宣言で、
一日の終わりには小さな成果になる

とか「レシートの入力を進めていたのだった」と思い出せるわけです。

前章でも紹介したように、脱線を抑制する機能だけでなく、脱線からの復旧機能があるのも、記録とともに仕事を進めるうれしさです。

帰ってくる場所、ホームが生まれるわけです。

そんなふうに小さな宣言を書き留めながら仕事を進めていけば、終業後に「自分の一日の成果」が残ります。これが記録の面白いところです。

宣言という未来指向で始めたものが、振り返ってみると成果という過去の実績記録になっているのです。

もちろん、その実績は１００パーセント満足できるものはないでしょう。仕事や人生はままならないもので、完全にうまくいくことはほとんどありません。とは言え、すべてを否定したくなるほど虚無なものでもないでしょう。60パーセントくらいは満足できる結果が並んでいるのではないでしょうか。

そうしたほどほどの成果を一つひとつ積み重ねていくことが、仕事においては重要です。しかし人間は、とかく記憶が感情に左右されやすいので、心理的に弱っているときほど「自分は大したことなど全然できていない」と、極端に〝実績〟を解釈してしまいがちです。

実績が記録になっていれば「完璧とは言えないが、それなりに仕事ができている」と健全に思い直すことができるようになります。その意味で、**自分のメンタルヘルスを維持するためにも記録は役立つ**わけです。

さらに言えば、自信満々に仕事をしている人でも結果を見ればそこまで大したものではないと気がつくことができます。それは傲慢さを抑え、謙虚さを取り戻すことにもつながります。

60パーセントの自信。記録によってそれが手に入るわけです。

小さな宣言は後から書いてもよい

このように宣言の記録は、後から振り返ると結果になります。

この特性を踏まえると、〝宣言〟を後から書いたとしてもまったく問題はありません。作業する前だけでなく、作業中や作業後に書いてもよいのです。

というのも、どれだけ注意していても衝動的に何かの作業に手をつけてしまうことが起こり得るからです。人間の行動管理は、そこまで完璧なものではありません。宣言を書こうと思ってはいたが気がついたらもう作業をしていた、なんてことはザラに起こります。

そんなとき、「作業を始める前に宣言が書けなかったからダメだ」と考える必要はありません。宣言を書いていなかったことに気がついた段階で、あたかも事前に書いていたかのように〝宣言〟を書いてしまえばいいのです。少し「ねつ造」のような気分を味わうかもしれませんが、それを見るのは自分だけです。そして、記録は書いていないよりは書いてある方がうれしいことが多くなります。

しれっと、書いてしまえばいいのです。

別にやっていないことを「やった」と書いているわけではありません。事実をねじ曲げているのではなく、書き込みのタイミングがずれているだけです。

要は、事後報告だと捉えればよいわけです。事後であっても、まったく報告がないよりははるかにマシです。ですから、あまり細かいルールに捉われず、最中であっても事後であっても宣言を書き込んでいきましょう。

一日の始まりにまとめて書くタスクリスト

ここまで紹介してきたのは、作業直前に「これからやろうとしていること」を書くという方法でした。

ではもうひとつの方法、「一日の始まりにまとめて書く」はどうでしょうか。

こちらは、一日の最初に「今日はこれとこれをします」と宣言するやり方です。一般的に「タスクリスト」や「ＴＯ ＤＯリスト」と呼ばれているものをイメージすればよいでしょう。

ただし、まったく同じというわけではありません。

その違いは後に触れるとして、ひとつ重要なのは、タスクリストのような未来についての情報（展望的情報）であっても、それはひとつの「記録」と言えるという点です。ある時点で自分がそれをすると決めたという、ひとつの決定や宣言のログなのです。

言い換えれば、ログの中では未来（展望）も過去（実績）もひとつにまとまります。

人の活動がそこに集約されていくのです。ですから、あまり細かい区別を持ち出して「これは記録じゃないから書かないほうがいいかな」などと考えないようにしてください。むしろ、大体のことは何かしらの「記録」として保存できます。

では、そのタスクリストはどのように作ればいいでしょうか。

こちらも「やったこと」と同じように、「プロジェクト型」と「デイリー型」の二種類が考えられます。プロジェクト型については次の章で紹介するので、ここでは汎用的なデイリー型を紹介しましょう。

デイリー型の場合、一日にひとつのページを割り当てます。

アナログノートなら言葉どおりひとつのページ、デジタルツールならひとつのファイルやノートになるでしょう。

仕事に入る前に、そのページに「今日やること」を書き並べていきます。

つまり、その時点で「今日やろうと思ったこと」を書き留めるわけです。

この点がロギング仕事術におけるタスクリストの特徴になります。

一般的なタスクリストやＴＯ ＤＯリストでは、「自分のやること」のすべてが保存された上で、継続的・永続的に使われます。

一方、ロギング仕事術では「今日やること」を宣言します。明日以降のことは考慮しません。とにかく今日やることだけを宣言するのです。よって、「今日のタスクリスト」や「デイリータスクリスト」と呼んでもよいでしょう。

ではなぜ、「今日やること」だけを対象とするのでしょうか。

ひとつには、「自分のやること」を真面目に数え始めるときりがないからです。仕事面でやること、家庭面でやること、私事面でやること……すべてをリストアップしていくと、巨大すぎるリストができ上がってしまいます。

そんなリストは圧倒されるだけであって、行動の役には立ちません。

もうひとつには、そんな巨大なリストには結局のところ自分の心が入っていないからです。「やったほうがいい」「やるべきだ」といった曖昧な感覚だけがあって、「よし、やろう」という気持ちがありません。つまりその情報は、「自分の情報」ではないのです。そんなものを記録しても意味はないでしょう。

対して、「今日はこれをこれとする」と宣言することは、ひとつの自分の選択であり、大げさに言えば出来事です。自分の心の動きがそこにはあります。その動きをログするからこそ、ロギング仕事術の対象になるのです。

あくまでも、自分の心に沿った記録を取ること。

その点を考えれば、やたらめったら「やること」をリストにするのではなく、「今日、自分はこれをする」という宣言を記録していく方がよいでしょう。

デイリーノートの例

何を感じるかは人によって違うので、「自分の心に沿った記録をとる」こともまた、一人ひとり異なります。「こう書けばいい」と大上段に示せるものではありません。

そこで、ひとつのサンプルとして、私自身の実際のデイリーノートを紹介しておきましょう。こう書かなければいけないというものではなく、自分なりのやり方を考える叩き台にしてもらえれば十分です。

ノートの一行目には、日付とその日の「テーマ」を書き込んでおきます。

テーマとは主題のことですが、ここではその日の大きなトピックのことで、それが達成できたらその他のことがまったくできていなくてもその日は60点の及第点を与えられる、という目標を意味しています。

ここまでの表現を使えば、一日単位の宣言とも言えるでしょう。

こうしたテーマを書いておくとうれしいのは、一週間が経った後に振り返るとき、テーマだけをざっと見れば概要が掴めることです。

詳細をすべて確認しなくても、「大体こんな一週間だった」というのが見えてきます。本でも、目次ページを見れば内容がおおよそ推測できる、というのに似ていますね。

ノートに日付とその日のテーマを書き込んだら、次にその日において「これからやろうとしていること」＝タスクを書き込みます。

タスクを書く行は、それがタスクであることがわかるように何かしらの印をつけておく方がよいでしょう。

私の場合は、＊[ ]という記号を使って、その行が「未達成のタスク」であることを示しています。一見謎めいた記号ですが、これはマークダウンと呼ばれる記法で使われるもので、プログラミングの世界では一般的な表記です。

仮にそうしたことを知らなくても、［ ］がチェックボックスの箱を表しているので視覚的には理解しやすいでしょう。

そして、そのタスクをやり終えたら、［x］のように、間にxを書き入れて終了済み扱いにします。

高機能なツールでは、こんな記号の組み合わせを使うのではなく、クリックするだけでオンオフが切り替わるチェックボックスを使える場合がほとんどですが、ごく普通のメモ帳やテキストエディタでも簡易の進捗管理は十分可能です。

加えて、チェックボックスではオンとオフのふたつの状態しか表せませんが、記号を使う方式であれば、いくらでもバリエーションが作れます。

たとえば私は、「その日やろうと思っていたけども実行できなくて、次の日に引き継ぐ必要はない」と判断したタスクには、［-］のように、ハイフンを入れて示すようにしています。

他にもアイデア次第でタスクのさまざまな状態を、こうした記号の組み合わせで

● 著者の実際のデイリーノート

朝いちばんに作成した状態

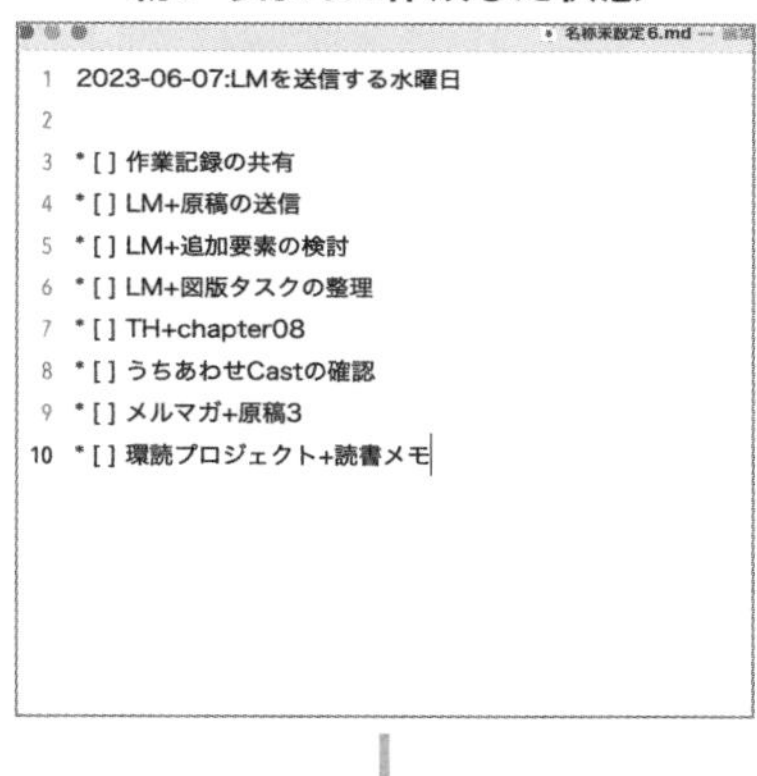

2023-06-07:LMを送信する水曜日

* [ ] 作業記録の共有
* [ ] LM+原稿の送信
* [ ] LM+追加要素の検討
* [ ] LM+図版タスクの整理
* [ ] TH+chapter08
* [ ] うちあわせCastの確認
* [ ] メルマガ+原稿3
* [ ] 環読プロジェクト+読書メモ

↓

一日の作業が終わった状態

2023-06-07:LMを送信する水曜日

* [x] 作業記録の共有
* [x] LM+原稿の送信
* [x] LM+追加要素の検討
* [x] LM+図版タスクの整理
* [x] TH+chapter08
* [x] TH+chapter08続き
* [x] うちあわせCastの確認→お休み
* [x] メルマガ+原稿3
* [-] 環読プロジェクト+読書メモ

¥ 09:45 コメダ 480 軽食
¥ 15:11 ドトール 410 軽食

表現できるでしょう。シンプルな方がアレンジしやすいことを示す好例かもしれません。

さらに、着手する作業が不慣れなもの、新しく任されたものであれば、タスクの着手時刻と終了時刻をそれぞれ書き込んでおくのがおすすめです。

そのふたつを引き算すれば、実際にかかった時間を測定できます。それがわかるだけでも、次回以降の段取りがかなりスムーズになるでしょう。

不慣れな作業ほど、15分で終わると思っていたものが2時間かかったり、3日必要と思っていた作業が1時間でできたなど、当初の想定と実際の結果が違っている場合が多くなります。

「**不慣れな作業ほど、細かくログを取る**」

これもひとつの指針と言えるかもしれません。

私は、上記のようなタスクに加えて「おこづかい帳」もデイリーノートに書き込んでいます。これもパソコンであれば、Excelなどの表計算ソフトを使用して高機能なことが実現できますが、私の場合は「その日の出費」をまとめるだけなので、

「¥」の記号の次にお金を使った時刻や場所、金額など、レシートから読み取れる情報を転記しておくだけで十分役割を果たしてくれます。

タスクの扱いで言えば、その用途に特化したアプリケーションはたくさん存在していますが、想定された使い方に最適化されている分、想定外の使い方には不向きなものが多い印象です。

私自身に関して言えば、カスタマイズができることが大切なので、普通のテキストとして書き込むやり方を好んでいます。雑多な情報を合わせて書けること、気分によって書き方を変えられる点がうれしいのです。

とは言え、これは私の好みでしかありません。言い換えれば、私の心の状態に適した選択でしかありません。もっとかっちりした管理が必要ならば、専用のアプリケーションを検討してみるのもよいでしょう。

しかし、最初はどんなものが自分に合っているのかもわからないので、あまり難しいことを考えず、汎用的なメモ帳やテキストエディタからスタートするのがよいかもしれません。

タスクは実行できる細かさで書く

では、そうしたタスクの書き方はどうすればいいでしょうか。どのくらいの細かさでタスクを書けばいいのでしょうか。あるいはどれくらい具体的な記述をすればいいのでしょうか。

ひとつ言えるのは、あまりに細かすぎると鬱陶しくなり、あまりに大雑把だと使い物にならない、という点です。お風呂の温度のように、ちょうどよい塩梅にしたいところです。

かといって、難しく考える必要はありません。タスク記述の感覚は、冒頭で述べた直前の宣言でわかります。

つまり、「よし、これからこれをしよう」と思うのがタスクの単位です。

たとえば、「よし、これから歯を磨こう」と思うかもしれませんが、「よし、これから歯ブラシを手に取ろう」とは思わないでしょう。この場合は、「歯を磨く」がちょうどよいタスクのサイズとなります。

もちろんこれは、単なる認識の話であって、客観的なものではありません。人によってさまざまに異なってくるはずです。それで構いません。むしろ、誰かから指示された形でタスクを書いてしまうと、うまく扱えなくなってしまいます。体が頭についていかない感覚が生まれるのです。

たとえば、慣れた人なら「企画書を書く」くらいがちょうどよいサイズかもしれません。そのタスクを見れば、必要な一連の作業がぱっと思い浮かぶからです。しかし、仕事に不慣れな人ならばそれでは少し大きすぎるでしょう。「企画のための資料を集める」くらいの細かい作業をタスクとしたほうがよさそうです。

このようにまったく同じ業務を対象としても、適切なタスクのサイズは人によって変わってきます。

しかし、こうしたこともまた、私たちはあまりよく理解していません。何か万能の方法に従えばそれでうまくいくような感覚があります。

人はそれぞれ違っていますし、熟達の度合いも異なります。

自分にとっていちばん自然な形と書き方をするのがベストです。

逆に言うと、作業に着手しようと思ってもなぜかうまく進まないときは、そのタスクを「分解」してみることをおすすめします。具体的にどんな行動が必要なのか、もう一段階詳しく書き並べてみるのです。

そうして細かく書き並べてみると、着手しやすくなることが多々あります。これは、自分が持っていた認識が実行できるサイズとズレていたということでしょう。

人間の認識は完璧なものではなく、ズレていることが少なからずあるので、作業を細分化することでそのズレを修正していくわけです。

タスクは何でもかんでも細かくすればいいものではありません。

実行できる程度の細かさがあれば、タスクの記述としては十分です。

タスクの追加

一日の始まりに「これからやろうとしていること」を宣言して、そのリストどおりに実行できればこれ以上のことはありませんが、なかなかそうはいかないのが現実です。

たとえば、「これからやること」を決めていても、作業しているうちに新しい「やること」が生まれてくることがあります。

上司からの依頼、部下のミス、突発的な出来事など、さまざまな新規タスクの芽吹きには事欠きません。そうした新規タスクに遭遇したら、ついつい「これからやること」リストに加えたくなります。

ストップ！

ちょっと待ってください。確かに、上司からの依頼など何かしらの出来事が起こったことは間違いありません。それはそれで記録しておけばよいでしょう。

しかし、あなたはそのとき「よし、これをしよう」と自分で決めたでしょうか。もし意識的にそれを決めていたならば問題ありません。「これからやること」リストに加えてあげてください。

しかしそうでないのならば、つまり「よし、これをしよう」と意識的に決めたのではなく、依頼があったから、ミスがあったから、という出来事にただ反応しているだけならば、リストに加えるのは早計です。それは「これからやること」と決めたものではないのですから。

タスクの芽になることが起きる度、即座にそれをリストに追加するのではなく、「それはこれからやることだろうか」と少しだけ考えてみてください。

先ほどから述べているように、いま書こうとしているのは「やろうとしていること」です。自分自身への小さな宣言です。

「やること」であっても、即座にそれが「やろうとしていること」になるわけではありません。そこを、適宜判断してください。

そうした判断を経ず、出来事をタスクに直接的に繋げるという状況は危険です。自分自身のコントロールが失われている状態だと言えます。

なぜ危険かと言えば、「やること」は無限にあるからです。

あれもやらないと、これもやらないと、と「やること」がどんどん膨れ上がってくると心理的にプレッシャーになり、常時ストレスに晒されてしまいます。

また、こうした判断を欠いた状態では、新しく「やること」が生まれる度に着手することになり、仕事の状態はとりとめなく混乱していきます。

そんな環境で集中力が維持できるわけもありません。

「今日はこれをやる」という小さな宣言は、そうした無限の「やること」のためではなく、一日という限定された時間に注意を向けるためのものです。

そしてそれは、自分自身のコントロールを取り戻すことでもあります。

ですから、何かしら「やること」が発生したら、それに今から取りかかるか、あるいは今日中に着手するかどうかを判断し、もし「する」と決めたのなら新しくリストに追加しましょう。

そうでないものは、「やること」が発生した旨だけをメモし、翌日以降のタイミングで「さて、今日はこれをするかどうか」を決めてください。

これはゲートキーパー（門番）のイメージに近いと言えます。門の前に立って、中に入れて良いのかどうかを見極める守護者です。

「よし、入ってよし」「ダメだ、そこで待っていろ」という判断を下しながら「今日やること」のリストを維持してみてください。

タスクの修正

もうひとつ、タスクリストを扱うコツがあります。

それが「**複製**」です。

たとえば、一時間を目処に仕事を始めたところ、いくつか作業が残ってしまったとしましょう。できればその仕事は今日中に終えたいので、追加でもう少し作業をやると決めたとします（何度も書きますが決めることが大切です）。

そのとき、作業はまだ終わっていないので、タスクに終了チェックをつけないでおきたくなります。しかしそうすると、一時間分の作業を行ったという「記録」が見えなくなってしまいます。そこで、そのタスクにはしれっとチェックをします。つまり「終わったこと」にするわけです。

その上で、「その作業の続きをする」というタスクを新しく作成するのです。

デジタルツールであれば非常に簡単で、そのタスク（あるいはタスクが書かれた行）を複製し、それぞれの作業名を書き換えればＯＫです。ひとつ目のタスクは「作業Ａ

タスク修正例

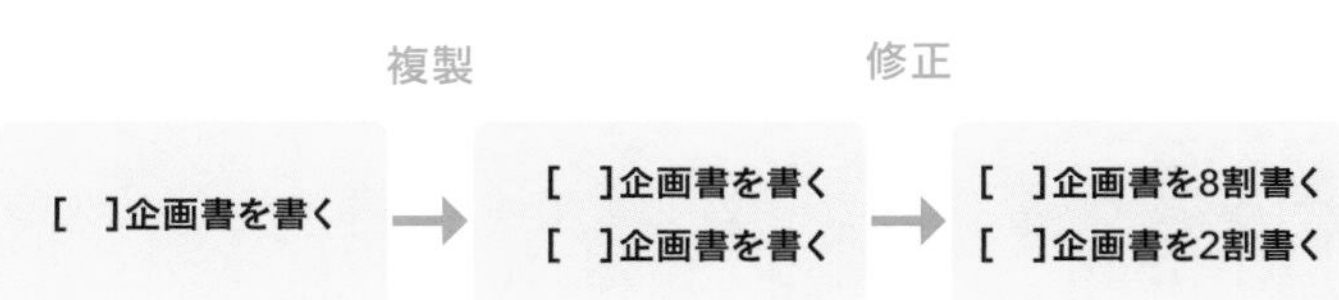

最初は一気に書きあげるつもりだったが予定時間
では8割しか終わらなかった場合は、タスクを複製し、
それぞれのタスク名を修正して実態に合わせておく

を8割進める」に書き換え、ふたつ目のタスクは「作業Aを2割進める」とするのです。

一度確定したタスクを後から書き換えるなんて……と、ちょっと不正行為をしているような感じもありますが、何度も言うようにこれは自分だけが使う記録であって、公的な文書でも科学実験の記録でもありません。それは「改ざん」ではなく、実態に合わせて修正しているだけの話です。記録としての精度はむしろ上がってすらいます。

こうした複製＋修正作業をしておくと、作業の記録は残りつつ、追加の作業がまだ必要であるという記録が残せます。その上、ふたつの似た作業が並んでいることで、「これは当初の見込みよりも時間がかかったのだな」とわかるようにもなります。

情報が増えているのです。

以上のような編集作業は、アナログのノートだと少し手間がかかるのですが、デジタルツールでは圧倒的に簡単で、それこそ瞬時に行えます。最初に作ったリストが使いにくくても編集しにくいからそのまま使う、というのはアナログ的な感覚です。

デジタルツールでは、まず作り、使いながら情報を増やし、編集していく使い方ができます。デジタルでログを取る場合は、そうした感覚を意識しておくとよいでしょう。

タスクが終わらなかったら

物事はなかなか思い通りにいかないもので、タスクリストを作ってもすべてを達成できるわけではありません。

どうしてもその日にはやり終えられないタスクも出てきます。

そうしたときは、どうすればいいのでしょうか。

幸いなことに、ログを見れば何をやり残しているのかは一目瞭然です。

チェックマークのついていないタスクが未達成のタスクです。

あとは、それを見ながら処理を考えていきましょう。

「このタスクは、他の人にお願いしたほうがいいか？」

「このタスクは、明日でいいか？」

「このタスクは、別にやらなくてもいいのでは？」

事前に「これからやろう」と決めたことであっても、時間が経ち、状況が変われればその判断も変わってきます。未来永劫「これからやろう」という性質を持ち続けているわけではありません。適宜、変更していけばいいのです。

もし他の人にお願いすることを決めたら、そのタスクにはチェックマークをつけて「○○さんにお願いした」というログを書き加えておきましょう。次の日にその進捗を確認したいなら、「進捗を確認すること」とログに書けばＯＫです。

そのタスクが明日でいいと判断したら、そのままそのログを残しておきましょう。翌日の「これからやること」を決める際、そのログを読み返せば、何が残っていたのかがわかります。昨日の自分から、今日の自分への「引き継ぎ」が行われるわけです。

やらなくてもいいと判断したものは、チェックマークをつけるか二重線で消すなどして「やらないと決めた」というログを残しておきましょう。

このように、作業中にログを残しておけば、「あれもこれもできなかった」という後悔に頭を支配されることなく、落ち着いてタスクの処理について考えられるようになります。

この点がロギング仕事術における重要なポイントになってくるので、次章で詳しく検討していきましょう。

第3章

ログから思考を起動する

書いたことから考える

第2章で紹介したふたつの方法がありました。

「やったことを書く」

「やろうとしていることを書く」

これは、どちらを選んでも構いません。自分の性分に合う方を選べばよいでしょう。どちらから始めたとしても、最終的にこのふたつは接続するようになるからです。

たとえば「やったこと」を書いているうちに、「次はどうしようか」と考えるようになります。これは未来（展望）についての記録です。

同様に、「やろうとしていること」を書いていると、それを「やったこと」に変換したくなります。前の項目で書いたチェックボックスがまさにその役割を果たしています。

すべてが終わってからログを書くのではなく、ログを書きながら仕事をしていると、このような記録の接続が自然に起こります。記録を「現在」書くことによって、「過去」と「未来」がひとつの場所に交じり合うことになるのです。そうなると、まるでギアが接続したかのように仕事の車輪がうまく回りはじめます。

とは言え、「過去と未来を一緒に書かなければいけない」という堅苦しいルールがあるのだと捉える必要はありません。そうやって身構えると、むしろ記録の接続は途切れてしまいます。あまり心配しなくても、どちらかを書き続けていれば自然に接続は生まれます。人間の脳はきわめて連想的に動くので、「予定だけを考える」「結果だけを考える」ということは、そもそも難しいのです。

予定を考えていれば、かつて行ったであろう似たようなことが思い浮かびますし、結果を考えていればそこからの計画に思いが及びます。

そうやって浮かんできた思いや考えを書き留めていけばそれでいいのです。あるいは、そんなふうに考えが促されることが大切だと言えます。

「記録のための記録にしない」というのは、つまりはそういうことです。書くことを通して「考える」が起きること。それが目指したい地点です。

記録しながら仕事をすることのいちばんの意義は、そうした「考え」が起こりやすくなる点にあります。記録していれば情報が保存されていて便利、というわかりやすい利便性もあるのですが、それ以上に自分の「考え」が前に進んでいく点の方がはるかに大きいでしょう。

しかし逆に、すごくたくさん記録は生まれたけれども、「考え」は全然進んでいないというなら要注意のサインです。それはロギング仕事術のコンセプトから外れ始めています。記録だけしているのは楽ですし、データが増えていくのはコレクション的な楽しさもありますが、それだけであれば自分の手で記録する必要はありません。それこそコンピューターの自動的なログに頼ればいいでしょう。

大切なのは書くことを通して「考える」ことです。自動的なログでは、「考える」ことが起きにくいのです。その点は注意してください。

では、どんなふうに考えればよいのでしょうか。

思考は自由ですが、いくつか例を挙げてみましょう。

● 作業時間から考える

作業の開始時刻と終了時刻を記録すれば、その作業の所要時間がわかります。

その時間を見てちょっと考えてみてください。
自分のイメージ通りだったか、そうでなかったか。
そうでなかったとしたら、何が原因か。
原因があるとしたら、どうすればそれを変えられるか。

● やったことから考える

その日に「やったこと」を眺めて考えてみてください。
当初の予定通りできたか。
予定通りでなかった部分はどこか。
なぜ予定通りできなかったのか。見込みが甘かった？
予想外の仕事がたくさん入った？
脱線が多すぎた？
どうすればそれを変えられるか。
もっと作業を増やしたらどうなるか。

● やろうとしていることから考える

朝いちばんに書き出した「やろうとしていること」を眺めてみてください。

これは完遂できるだろうか。
そもそも自分がやることだろうか。
他の人に任せられないか。
自分がやるとしたらどんな順番がいいだろうか。
他のやり方に置き換えられないだろうか。

● できなかったことから考える

やり残した作業を眺めて考えてみてください。
なぜやり残しが生まれたのか。
作業時間が短いのではないか。
割り込み作業が多すぎるのではないか。
集中できていないのではないか。
探し物にかかる時間が多いのではないか。
それらを変えるとしたら、どんなやり方があるか。

これらは、本当にごく一部です。他にも考えることはたくさんあります。

そうしたことを考えて、その結果もまた記録しておきましょう。

書いてあるから考えられる

ひとつ言えるのは、頭だけでこうした思考を進めるのは難しいということです。複雑な計算を暗算で行うときのように、途中までは計算できても、最後までは展開できません。どこまで計算したかを覚えておけないからです。

しかし紙とペンさえあれば、結果を書き残すことができるので、時間がかかっても必ず答えにたどり着けます。

記録は、思考における強力なパートナーなのです。

その意味で、ロギング仕事術は途中式を省略せずに書いていく計算法によく似ています。難しい式を解くときほど、そうした途中経過をリアルタイムで書いていくことが役立つのです。

いずれにせよ、「書いてあるから、それについて考えられるようになる」とは言えるでしょう。記録による情報の対象化、という難しい表現もできますが、どう表現するかはあまり重要ではありません。

今まさに私が、「書いてあるから、それについて考えられるようになる」と書いたことによって、そのことについて考えられるようになりました。これと同じことを自分の仕事領域に展開していくのがロギング仕事術です。

ですから、**「考えるために書く」という点は忘れないようにしてください。**

この点については、最後の章でもう一度確認したいと思います。

広い視点で考える

「考える」の関連で言えば、**普段考えないような対象について、普段考えないような長さで考えること**がロギング仕事術では大切になります。

たとえば、一日のやったことを記録していなければ、「今日どれだけのことを達成したか」という視点で物事を考えることはあまり行われません。その代わり、最も印象に残った仕事だけが対象にされるでしょう。これは非常に偏った視点です。上司にすごくムカツクことを言われたらそのことで頭がいっぱいになってしまって、それ以外のことはすっかり忘れてしまうこともあるでしょう。先ほども確認したように、人は忘れたことについて考えることができません。

記録することによって、そうやって忘れられてしまうことについても思考の対象にできるようになります。また、30分や1時間という短い時間だけでなく、一日、一週間、一ヶ月というスパンを対象に考えることもできます。

このように、普段は考えられないような対象について考えられるようになると、思考のバリエーションが増えていきます。たとえば、自分の仕事の仕方にパターンが見つけられるかもしれません。あるいは同じような失敗を繰り返しているかもしれません。

そうした情報は、一回ごとの行為に注目しているだけではなかなか見えてこないものです。行為のログを残し、それを一歩引いた視点で眺めるからこそ、そうしたパターンを探すことができます。

自分がどんな仕事の仕方をしているのか、どんな失敗をしやすいのか、というのはひとつの情報であり、立派な知見です。しかも、どんな高性能な検索を使っても、ウェブからは答えが返ってきません。非常に希少性のある情報だと言えるでしょう。

ロギングで得た自分に関する知見は、自己認識を構成する重要な情報であり、常に「自分が実際にどうであったのか」という結果からしか得られません。ウェブに存在していないのも当然なのです。

そうした自己認識を構築せずに、「ノウハウ」ばかりを学習しても得るものは少ないでしょう。たとえるなら、自分が使っているパソコンのスペックをまったく知らずに、新しいソフトをインストールしまくっているような状態です。使えないものだらけになっても仕方がありません。

まず、自分の傾向を知ること。それが大切な「初めの一歩」であり、そのためにログを残していくことは有用なのです。

視点と思考

自分の傾向を知ると、一度の行動ではなく、一日や一ヶ月というスパンで物事を考えられるようになる――つまり、今までよりも長い視点で考えられるようになります。カメラで言えば、ズームアウトした状態です。

人の思考は、思考する対象との距離や角度によって変化します。対象に近寄れば、その対象のことだけを考えますし、対象から遠ざかれば、その対象は小さくなり、他の対象についても思いが及ぶようになります。

こうした距離や角度の変化をうまく使うことが、思考を促すひとつのコツです。

逆に言えば、悩み事や問題にどっぷりはまりこんでいるときは、自分の視点がズームインしすぎている状態のことが多いものです。悩みや問題しか目に入らないようになっているのです。すると他の情報が目に入らず、ずっと同じことばかりを考え続けてしまい、しかもその問題がとても巨大に見え、危機的なものだと強く感じられてしまうのです。

そんなときに必要なのは、視点を変えることです。

たとえば、「他人の視点に立つ」ことがそのひとつで、この変化は作業記録を誰かへの報告のように書いていると生まれてきます。

また「視点を引く」（ズームアウトする）も有用な変化で、それまでのログを通して眺めてみることでこの変化は手に入ります。

物事に集中して取り組むためには、ズームインすることが大切なのですが、それだけだと問題にぶつかったときに対処ができなくなります。そんなときこそ一度ズームアウトして、少し引いた視点で問題解決に取り組むのがよいでしょう。

自分が書き残すログは、そうした視点変更の手助けになってくれます。

たとえば、日めくりカレンダーを見れば「その日」のことを考えるでしょう。月間カレンダーなら「その月」のことが考えられます。一年間の日付がズラッと並んだ年間インデックスなら「その年」のことが考えられます。

目に入る情報によって、私たちの視点は変わり、思考対象の大きさも変化するのです。

私たちが行動に没頭しているときは、「瞬間カレンダー」だけを目にしているようなものです。その瞬間だけにズームインした状態であり、そのときのことしか考えられません。

記録を残しながら仕事を進めることで、その思考のスパンが変わり、それまでとは違ったやり方で物を考えられるようになるのです。

いつ振り返るのか？

では、どんなタイミングでログを見返して、考えればよいのでしょうか。

実はいつでも構いません。自分のログなのですから、自分の好きなタイミングで見返せばよいでしょう。

そもそも、私たちはログに何か書き込むとき、それよりも少し前に書いたログをちょっとだけ見返しています（このおかげで、脱線から戻ってこられるのです）。

本格的にじっくり読み込まなくても、記入時に振り返りが起こっているのが面白いところです。

ただし、これはあくまで直近のログの読み返しでしかありません。もう少し長いスパンの読み返しもあります。

たとえば、「内服型」と「頓服型」のふたつのタイプの読み返しです。

｜　内服型

内服型は、**実施するタイミングを決めて行う見返しです。**

たとえば、

「毎朝、一日前のログを読み返すところから仕事を始める」

「仕事終わりに、その日のログを読み返してまとめておく」

といったことに相当します。他にも一週間ごと、一ヶ月ごとにそれぞれのログをざっと見返すのもよいでしょう。

もっとも効果的なやり方は、一週間ごとに一日単位のログを振り返り、その振り返りのログも残すようにしておき、一ヶ月の振り返りではその一週間単位のログを読み返す、というやり方です。少しずつ視点の高度を上げていくことで、長期間の振り返りでもあまり時間を使わなくても済むようになります。

ただしこれはあくまで理想的なやり方に過ぎません。その通りにやってうまくいくならばそれでいいですが、そうでなければ無理に固執する必要もありません。タイミングを長くしたり、短くしたりといろいろ動かしながら、自分にフィットする振り返り方を見つけてください。

2　頓服型

頓服型は、タイミングを決めて行うのではなく、何かしらのきっかけをトリガーにして行う見返しです。

簡単に言えば**「スムーズに進めなくなったとき」に行います。**

まったく手が止まることなく作業ができているなら、そのまま進めていくのがいちばんですが、手が止まってしまうこともあるでしょう。考え込んだり、迷ったり、判断に困ったり――そうしたときが、ログの振り返りどきです。

手が止まっている理由が、固有名詞を知らない、データが足りないなどの情報不足なら、外部の探索（調べ物）が必要ですが、価値判断に関わることや、自分自身に関することなどは、外側ではなく内側、つまり自分のログを振り返るのが効果的です。

作業がうまく進まないなら、以前も進まなかったときのことを振り返ってみましょう。逆にうまく進んでいた状況がどういう状況だったのか、今と何が違うのかを考えてみるのもよさそうです。

もちろん、そのように考えて出てきたものは、そのまま使える「答え」ではありません。

「こうしたらうまくいくのではないか」という仮説です。

しかしその仮説は、自身のログをもとにしているがゆえに精度の高いものになっています。あとは、実際にそれを試してみてうまくいくかどうかを確認すればいいのです。当然その結果もまたログしておくわけです。

新しいアイデアが必要なとき、仕事のモチベーションが足りないとき、さまざまな理由で手が止まってしまったときには、焦って外部に「答え」を求めるのではなく、自分のログを振り返りながら落ち着いて「仮説」を立ててみることが大切です。

一般的に、そうした仮説は「アイデア」と呼ばれます。

アイデアは、ログからも生まれてくるのです。

基本からスタートして時間とともにアレンジしていく

ここまで書いてきたように、ロギング仕事術では書くことを通して「何を考える

のか」を変えます。

作業の直前で宣言を行えば、自分の注意をその行為に向けられます。今はその作業についてだけ考えるのだ、と固定化するわけです。

同様に、やり終えた作業について書くことで、行為に向けていた注意を一歩引いた状態に戻し、より広い視点で「考える」ことができるようになります。

こうした視点の移動状態が保てているならば、ロギング仕事術は概ね成立していますから、どのように記録しても構いません。

記録をしながら自分の注意が動かせているならばそれでＯＫなのです。

逆に言うと、他の人がうまくいくやり方が、自分にも合っているとは限りません。その人の注意がどのように動くのかは、それぞれの人によって違っているからです。

少し過酷なことを言うようですが、最終的にどのような記録がよいのかは自分自身で確かめるしかありません。そればかりは他の人が答えを示せるものではないのです。

とは言え最初は、本章で紹介した、

「直近の過去」

「直近の未来」

の、どちらかから始めるとよいでしょう。そうすれば、何をどう書いていいのかまったくわからない、という状態にはならないはずです。

とりあえず書いてみる。

書いたことから考える。

どのような記録がよいのかを自分自身で探っていく。

そのような道程がロギング仕事術の本道です。

もちろん、最初の記録は、

「これからロギング仕事術を始めてみる」

「まずはログを書いてみた」

という、少しだけメタな記録から始まるでしょう。

そこから記録は、どのにように続いていくのでしょうか。

楽しみにしながら、記録を続けてみてください。

第4章

応用的ロギングパターン

ログの追加オプションを楽しむ

前章で紹介したログが、ロギング仕事術における基本です。携帯電話の料金で言えば基本プラン、カードゲームで言えばスターターパック、アイスクリームで言えばバニラ味のようなもの。

それが基本であり、そこにさまざまなオプション、拡張、トッピングを加えていくことができます。

本章で紹介するのはそうした「トッピング」の数々です。

しかし、注意してください。

ログの基本は、非常にシンプルで少し物足りない感覚があるかもしれませんが、**シンプルであることが大切なのです。**シンプルであるから続けられますし、どんな効果があるのかも実感しやすくなります。最初からあまりゴテゴテにトッピングしてしまうと、そのよさが失われてしまいます。

ですから、本章で紹介するログのタイプは、まず基本となるログに慣れてから、つまり記録しながら仕事をすることに慣れてから、次なるオプションとして加えてみることをおすすめします。

慣れないうちに、やることを増やしすぎても混乱するだけで、好ましい結果には至れないでしょう。少しずつ「拡張」を目指してください。

また、ここで紹介する追加メソッドをすべて網羅する必要はありません。

そんなことをしたら、負担が大きくなりすぎて嫌になってしまうでしょう。

今、切実に問題解決を必要としている対象や、自分が興味を持っている対象だけに取り組むくらいで十分です。

たくさんの方法があると、いろいろ試してみたい気持ちが湧いてきますが、私自身の経験から言っても、そのアプローチはうまくいくための道行きではありません。

うまくいくためのアプローチは、小さな土台を少しずつ固め、それを広げていくことです。ある程度慣れてきて新しいものを試したくなったり、新しい問題にぶつかったときなどに、改めて追加オプションの検討をしてみてください。

その点に注意すれば、本章で紹介するさまざまタイプのログは、あなたの仕事や生活に役立ってくれるはずです。情報を増やし、考え方を変え、新しい変化を生み出すためにロギングを進めていきましょう。

会議や打ち合わせログの場合

他人とのやり取りの多い会議や打ち合わせにおいて、ログの重要性はより高く、より効果を発揮してくれます。

ただし、注意が必要です。

すべての情報を余すことなく記録してやるぞ、という気負いは不要であり、むしろ邪魔ですらあります。

なぜなら記録することばかりに注意が向けられて、肝心の話の中身をほとんど聞いていない状態に陥ってしまうからです。それでは本末転倒でしょう。会話はリアルタイムで進行し、しかも「記録を取るのでちょっと話を止めてもらえますか」とお願いすることもできません。会議や打ち合わせにおいては話すことが大切であって、記録はその補佐でしかないからです。

スマートフォンやボイスレコーダーを使えば、会話の中身はすべて音声ファイルとして記録できます。後からそれを聞き返して、必要なものを書き起こすこともできます。さらに、近年進歩が著しいＡＩを使えば、音声データからテキストを自動的に書き起こすだけでなく、中身の要点をまとめるところまで勝手にやってもらうことができます。そうした時代において、人がすべての情報を逐一メモすることはあまり価値を生む行為ではないでしょう。むしろ、会話の中身で重要だと思えるポイントを適宜抽出していく方が大切になりそうです。

では、人が残すログはどのようなものになるでしょうか。基本ログでは、過去の記録と未来の記録があったように、会議や打ち合わせのログでも事前の記録と事後の記録があります。もちろん、打ち合わせの最中のログもあるわけですから、合計三つの軸でログを取ることが考えられます。

この中でいちばん大切だと思われがちなのが最中のログなのですが、**実際は事前と事後のログの方がより重要度が高いと言えます。**むしろ、そのふたつのログを作っておくことで、会議や打ち合わせの現場であたふたしなくて済むようになります。

【事前のログ】

まず事前のログは、会議や打ち合わせの内容がどんなものになるのかを予想したり、自分で計画して要点をまとめておきます。何度も言いますが、これは未来（展望）に関する記録です。自分がそのように考えた、というログなわけです。

あらかじめ内容を検討しておけば、質問されそうなことを調べておくことができますし（もちろんその結果も書き留めておきましょう）、逆に自分が質問したいことも多角的に検討してから臨むことができます。

さらに、事前の段取りを考えているからこそ、その段取りになかったものが話に出てきたときに注意を向けられるようになります。もし段取りがまったくなく、慌ただしく場を回すのが精一杯なら、一般的な意見から外れた「奇抜な意見」に気がつくこともできないでしょう。段取りがあり、余裕があるからこそ、意外なものに注意を向けられるようになるのです。

こうした観点から、事前に自分で段取りを作るわけですが、その段取りにこだわりすぎるのも止めた方がよいでしょう。そこで立てた計画というのは未来を拘束するものではなく、あくまで「自分がそう考えた」というログに過ぎないからです。

ログはあくまで参考にするものであって、これからの出来事を制約するものではありません。あらかじめ準備はするけれども、本番は臨機応変に対応する。その二段構えでやっていきましょう。

このように事前の段取りログを作っておけば、本番中に書き込むことはぐっと少なくなるはずです。何せ主要なことはもう既に書いてありますからね。あとは、特に重要そうなキーワードを拾ったり、間違えそうな固有名詞や数字をメモしたり、事前には想定していなかった話題を書き込むなど、限定的なログだけで済ませましょう。

【事後のログ】

会議や打ち合わせが終わったら、全体を振り返りながらログを整理しておきましょう。もし忙しくて事前や最中にログが残せなくても、この事後ログだけは時間をとって作っておきたいところです。

実際に話された内容を思い返しながら、重要な部分をピックアップしておきます。

もし、事前に考えていた疑問点が解消されたらそれを書き込み、終了後に疑問が新たに湧いてきたらそれも書き加えておきます。

その記録は次回の本番の際に役立ってくれることでしょう。

このように、要点を書き留めることを意識しておくと、本番中の過ごし方にも変化が生まれます。簡単に言えば、メモをするとしたらどこなのか、という点に注意を向けられるようになるのです。それは、話されている内容を漫然と受け取るのではなく、ポイントとなる部分はどこであるのかを意識的に考えることを意味します。

テレビ番組と違って「ここがポイントです」とわかりやすく示してくれるテロップは出てきません。自分で注意を向け、自分で書くべきことを見つける必要があります。そんなふうに注意の向け方が変わっていけば、会話の中身そのものも変化していくことでしょう。

プロジェクト型ログの場合

基本ログはデイリー型でしたが、プロジェクト型でログを残すこともできます。プロジェクト型のログについては、第2章の作業記録についてのお話のところでも少し触れましたね。

たとえば、特定の事柄に関する記述が多かったり、そうした項目を頻繁に参照する場合は、その事柄だけを抜き出したノートやファイルを作ればいいのです。具体的には、「プロジェクトＴＨ」（ＴＨはコードネームのようなもので他の表現でも構いません）という名前のファイルを作り、その中に書き込んでいくというやり方です。あるいは、デイリーベースで全般的な記録を残していくのはちょっと面倒そうだけれども、特定のプロジェクトについてはログが欲しいという場合なら、まずそのプロジェクトだけに限定したログをお試しとして始めてみてもいいでしょう。

何にせよ、過去や未来のログと同じように、こうしたログのタイプにおいても明確な境界線はありません。プロジェクト型としてスタートしても、それ以外の項目をつけ加えていくうちにデイリー型のログと大差ない形になっていく場合もありますし、最初はデイリーの一項目に収まっていたものが、記述量が増えたことによってプロジェクト型として切り出される場合もあります。

● デイリーの中にあるハッシュタグの例

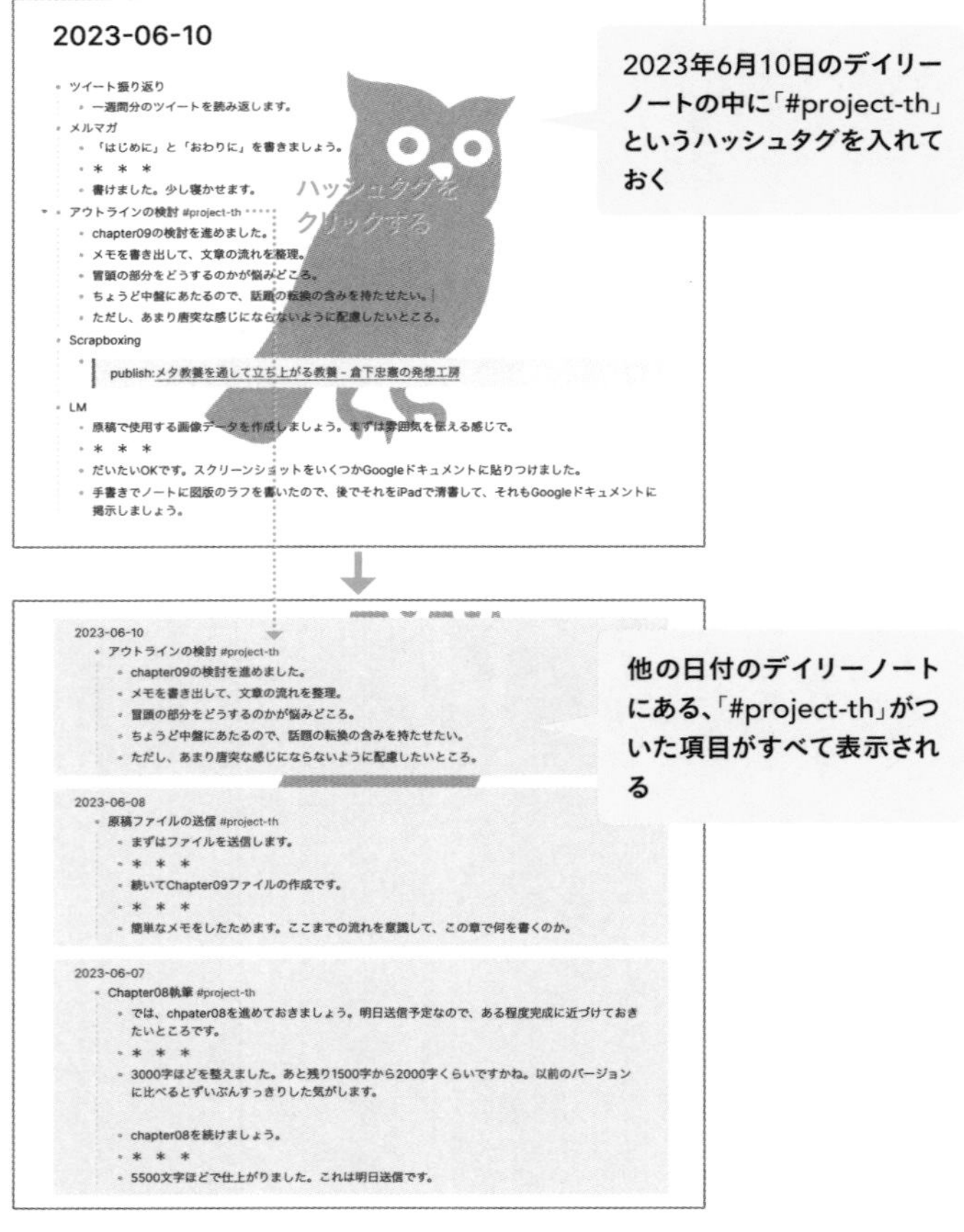

あまり頭でっかちに捉えず、臨機応変かつ融通無碍に、自分が使っている現場感覚を尊重して使い分けていきましょう。

また、デジタルツールでログを残していく場合には、タグ機能を使うことでデイリーベースの中に「プロジェクト」を埋め込むことができます。記録を残し、その記録に対して「プロジェクトＡ」などのネーミングのタグを付与するのです。

そうすれば、後から同じタグがついているすべての記録を串刺しして閲覧できます。これは別途プロジェクトノートを作っているのとほぼ同じ環境になります。

たとえば、右ページの図表にあるLogseqというツールでは、ハッシュ記号（＃）をつけることでその単語が「ハッシュタグ」になってくれます。そのハッシュタグをクリックすると、同じハッシュタグがついているすべての行を全体から抽出できます。

また、使っているツールにタグ機能がついていなくても、たとえば「＃プロジェクトＡ」のような記号＋プロジェクト名を書き込んでおくことで、タグ機能の代替が可能です。後から「＃プロジェクトＡ」というキーワードで検索すれば、それが書き込まれているすべての記録を探し出すことができるからです。

このようにハッシュタグや検索をうまく使うことで、「デイリーかプロジェクトか」という話にそこまでの厳密さは必要なくなります。特定のプロジェクト用のファイルを作るやり方もできますし、既に使っているデイリー用のファイルがあるならばハッシュタグや記号と合わせて書き込むことで、あたかもその内部にプロジェクトノートがあるような使い方もできます。

一日や二日の記録であれば、アナログでもデジタルでも大差はありません。しかし、長期的に多くの情報を残していく場合は、こうしたデジタルの検索力を活用するのが便利でしょう。

プロジェクト型ログの記録法①――実行前のログ

では、プロジェクト型ログとしてはどのようなものを記録できるでしょうか。

大筋は基本のログと変わりありません。

着手の前（事前）、**着手の最中**、**終了後**（事後）**の三つの種類があります。**

事前と事後はどのプロジェクトでも大体同じになりますが、長期間にわたるプロジェクトほど最中のログが厚くなっていきます。

たとえば、私にとって最も身近な「書籍の執筆」という巨大プロジェクトで考えてみましょう。

書籍の執筆は短くても半年、長ければ数年にも及ぶプロジェクトになります。ログを残していくのに最適な対象です。

まず着手前のログでは、全体の計画の洗い出しを行います。本の完成が最終的な目標として、そこに向けてどんな作業が必要なのか、どんな情報・物・人が必要になるのかを考え、それを書き留めます。章立て、使いたいアイデア、取材したい人や場所、ボリュームやデザインなど、単なる思いつきであっても、ともかく自分の考えを書き留めておきます。

打ち合わせなどを行った際は、その内容をまとめて書き留めておくのもよいでしょう。どんな本にしたいのか、どんな本にしたくないのかなど、そのプロジェクトに要求される基準や最低限の課題も、出てきた情報ならなんでも書き込んでおきます。

しかし、すべてを列挙してやろうという意気込みは必要ありません。

むしろ、その時点で自分の頭の中にあるものをいったん洗い出すくらいの気持ちで十分です。情報の整理を通して、頭の中の整理を行うわけです。

つけ加えておくと、どんなきっかけでそのプロジェクトが始まったのかといった情報も添えておくとよいでしょう。あるいは、自分がそのプロジェクトにどんな結果を期待しているのか、という情報も有用です。

私の場合なら「読んだ人がやる気を持って取り組める方法を紹介する本にしたい」といった気持ちが書き込まれることが多いです。

長期的に進めていくプロジェクトにおいては、そもそもの発端や動機が見失われてしまうことが少なくありません。そうなると、途中途中で行われる判断にブレが生じてしまいます。終わってみたら、当初期待していたのとはまったく違った結果になってしまったというのは少し残念でしょう。ですから、そもそもの発端を思い出せるように、スタート時点の「想い」を書き残しておくのは有効なのです。

また、以前に似たプロジェクトを行っていたのなら、過去のプロジェクトノートを読み返してみるのもよいでしょう。

たとえば、前回執筆した本でうまくいく進め方が見つかったら今回もそれをやってみる、逆に失敗したパターンがあったら今回はそれを避けられるように工夫してみるといった形で、過去の記録が今現在のプロジェクトへのアプローチにも変化をもたらしてくれます。

わざわざプロジェクトのログを残すのは、こうした活用ができるからです。

まず「現在」の時点では、書くことを通して自分の頭の中が整理でき、「未来」の時点ではそうして書き残した情報が参照される。

そのように「過去」と「現在」と「未来」を接続してくれる効果が期待できます。

この点はぜひとも意識してみてください。

なぜならそうした意識の持ち方によって、ログの書き方が少しずつ変わってくるからです。

後でログを読み返して「ああ、こういう情報が残っていてよかったな」と思えたのなら、引き続きそうした記録を継続していけばいいですし、「こういう情報を残しておけばよかった」と思ったのなら、次回からその記録を拡充していけばいいのです。そんなふうに、ログの残し方も継続の中で変化していきます。

プロジェクト型ログの記録法②——実行中のログ

プロジェクトに着手したら、日々の実行結果を書き込んでいきます。

ログは簡単なもので構いません。

「○月○日に原稿を2000文字書いた。第3章は残り半分くらい」

「×月×日に資料の本を読んで、必要な部分をコピーしておいた」

くらいのラフなメモで十分です。

あまり詳細に書き込もうとすると、プロジェクトの実行そのものがおろそかになる危険があるので注意してください。

また、情報を詳細に書き込みすぎると、後に見返したときに読みにくくなる弊害もあります。

理想的なのは、読み返したときにプロジェクトの軌跡がざっと俯瞰できる程度の細かさです。

記録はあるけれども、読み返しがしにくいとなってしまっては本末転倒なのでほどほどの細かさに留めておきましょう。

デジタルツールを使えるのであれば、「アウトライナー」と呼ばれるツールが便利です。アウトライナーでは下位項目を折り畳む操作ができ、どれだけ詳細に情報を記述しても折り畳んでしまえば目に入ることがありません。つまり、全体の俯瞰性が損なわれないのです。詳細を残しておきたい場合は、アウトライナーを利用することも検討してみてください。

あるいは詳細はデイリーに書き込み、プロジェクトには大まかな記述に留める、という使い分けもできます。この場合、二ヶ所で情報を管理することになりますが、具体と俯瞰を分けられるメリットがあります。

どのような使い分けになっても別に間違いではありません。自分が記述しやすく、手間がカバーできる範囲に収まり、かつ後から読み返して役に立つ形で記録できればどれでも正解と言えます。

必要な資料もログで保存する

プロジェクトを進めて行く中で集めた資料や、関係者とやり取りしたメールなど、後から必要になりそうなものもログとして保存しておくと役立つことがあります。もちろん、必ず役立つとまでは言えませんが、デジタルでは保存のためのコストが劇的に低いので「とりあえず」の気持ちで保存しておいても悪くはないでしょう。

たとえばインターネットで情報を集めたら、EvernoteやNotionなどのデジタルノートツールのウェブクリップ機能を使って、それらのページを「自分のノート」として保存することができます。あるいはごく単純にページのタイトルとURLを記録しておくやり方でも十分かもしれません。

また、Gmailなどのメーラーでは、使用済みのメールを削除するのではなく「アーカイブ」しておくことでいつでも検索から探し出すことができるようになります。

さらに、作業中に作成したファイルなどもできる範囲で保存し、必要に応じてコメントを添えておくと未来の自分が喜ぶことがあります。

「本番ファイルは、xxx.docx。画像データはyyy.zipの中にある」といった、ちょっとしたコメントがついているだけで、後からファイルを探し回る手間を大幅に削減できます。

ほんの少しの面倒くささが、後々の大きな手間を省いてくれるのです。いわゆる「レバレッジ」が効いたアクションがそうしたコメントです。

課題発見意識を持つ

プロジェクトの実行中は、課題や問題を意識して見つけることが大切です。ひとつのアクションが終わったら、「次に何をするのか」を考えるようにしてください。

プロジェクトの事前でも全体的な手順を考えましたが、後はそのとおりにやっていけばいい、という話にはなりません。

ひとつの大きなアクションが終わる度に「次に何をするのか」を考え、必要なことが思いついたらそれを書き留めておきましょう。

引き続き私の「書籍執筆」のプロジェクトを例に挙げてみます。

第2章を書き終えた後、最初の想定では次に第3章を書くことになっていたとしましょう。しかし、実際書き終えてみると内容が不十分だと気がついて資料を洗い直す必要があると感じたとします。

ここで、そのことをログしておくのです。

「第2章の内容が不十分に感じるので、もう一度資料を精査すること」

と。

このように、「次に何をするのか」について考えたログを残しておけば、少し時間が空いた後でプロジェクトを再開した場合でも、具体的に何をすればいいのかはすぐに明らかになります。

また、時間が経って状況が変わっていたとしても、何が問題であり、なぜそうしようとしていたのかという記録があれば、その時点での適切な選択を新たに考えられるようになります。

何もかもがわからない状態のままでは、またゼロから考える必要があり、その億劫さによってプロジェクトが先延ばしにされがちですが、プロジェクトのログを読み返せば、次の一歩を考えるのはずっと容易（たやす）くなります。

ログが行為を補助してくれるのです。

ただ記録を残すだけでなく、**頭と状況を整理し、次の一歩を考える手段**としてログを使ってください。

漠然とログを残すのではなく、

「今はどんな状況で、次の行動は何か」

ということに注意を向けるのです。

繰り返すことで、小さなレベルから大きなレベルまで、自分の方向性について考えられるようになります。

プロジェクト終了後のログ

プロジェクトが終了したら、そこでもログを残しておきましょう。

全体を振り返って、どういうことがあったのか、当初の予定とは何が違ったのか、どんな課題が残されたのか、新しく発見できたことは何なのかを考え、それを書き留めます。

私の例で言えば、

「原稿の執筆自体はうまく進んだが、構成を何度も考え直したので大変だった」

「ファイルのやり取りが煩雑で次はどうにかしたい」

「コメントの書き方で参考になる事例を見つけた」

といったところでしょうか。

そういう細かい話で構いません。いろいろ頭をひねってみたけれど、特に書くことが思いつかないという場合もあるでしょう。それでもいいのです。

必要なのは、**終わった時点から全体を振り返ってみるその姿勢**です。

ひとつが終わったらすぐに次に取りかかり、それが終わったらまた次に取りかかりと、足早にプロジェクトを移り変わっていくと、自身の経験から学ぶことがまったくできません。同じやり方を続け、同じミスを繰り返すことになります。変化もなければ、成長もないわけです。

変化や成長は、立ち止まって振り返ることで生まれます。

同様に、プロジェクトの結果として成果物を生み出したら、それもログに残しておきましょう。

デザイナーならば「ポートフォリオ」と呼んでいるものを作るのです。私なら著作リストや掲載記事のリストがそのログにあたるでしょう。

これも、たいそうなものである必要はなく、ざっと一覧できれば十分です。

簡易的なログであっても、自分がどんな仕事に関わってきたのかという記録が残っていれば、それらを振り返ることで「自分の足跡」を確認できます。

間違いなく、そうしたログは自分のこれからの一歩を考える助けになってくれるでしょう。

あるいは、繰り返し使われるような様式があれば、テンプレート化して保存しておくのも有用です。

書類の雛形、プロジェクトのフォーマット、再利用できるメールの文面など、次回以降も使える情報の形式はいろいろあるので、それをファイルとして保存しておき、いつでも呼び出して使えるようにしておくと便利です。

もちろん、すべての仕事は同じことの繰り返しではないので、ログさえあれば何の労力もなく仕事が終わるわけではありません。せいぜい少しばかりの省力化が行えるだけです。しかし、そうしたテンプレートを使って省力化ができるなら、浮いた分の時間とエネルギーを使って、新しいことを考えられるようになります。

そうした頭の使い方こそがロギング仕事術の大きな魅力のひとつです。

ライフワークのログを残す

前記のプロジェクトログは、始まりと終わりがある期間限定のログです。

一方、特定の記録にはそうした期間が定まらないものもあります。

終わりがない行為、いわばライフワークが対象のログです。


例を挙げるなら、読書のログなどがわかりやすいでしょうか。

一冊の本を読むことには始まりと終わりがありますが、趣味としての読書には基本的に終わりがありません。ずっと継続的に続いていく行為です。

もちろん対象は読書だけではありません。

映画でも音楽でも演劇でも美術館巡りでも、すべてはライフワークのような位置づけになるでしょう。そうした芸術的要素だけでなく、スポーツ観戦やゲーム、人によってはナンパやお酒を飲むことも対象にできるでしょう。

そのような対象に関するログを残しておくこともまた、ロギング仕事術の一部だと言えます。

あるいはその拡張として位置づけていいかもしれません。

ロギング生活術です。

なぜライフワークのログを残していくのかと言えば、第一にそれが楽しいからですし、第二に意外なところで役立つことがあるからで、第三に自分を知ることができるからです。

第一の理由はごく単純ではありますが、楽しいことはとても大切です。「役立つ」ことばかりで人生を埋めてしまうのは、虚しいものでしょう。

第二の理由として、趣味やライフワークで知識を増やしたり、物の見方を鍛えたりすることで、それが別の場所で役立つことがあります。絶対に役立つとまでは言えませんが、他の人が知らないことを知っていたり、気づかないことに気づけるのは仕事においても有用でしょう。

そして第三に、そうした記録をつけていくことで自分の傾向がわかります。自分がどういうものを好きで、どういうものがあまり好きではないのか。どういう行動をよく取るのか、何に関心があるのかといった「自分のデータ」が明らかになるのです。

こうした要素も即座に役立つものではありません。しかし、何か大きなこと、特に人生において重要なことを考え、判断する上で、そうしたデータを知っているのと知らないのとでは大きな違いが生まれます。

ログは、自分についての情報を増やす目的があることも考えれば、こうした趣味やライフワークのログも有用だと言えるでしょう。

読書ログの場合

では、具体的なログの方法について考えていきましょう。

ここでは読書を例にあげますが、適宜自分の好みの対象に読み替えてください。

まず、いちばん簡単なログの取り方として、本を読み終えたらその感想を書く方法があります。本のタイトル、著者名、出版社名などの情報などを記録したり、読み終えた日付を書き込むのも手軽なログですが、それに加えて「自分の感想」を書いてみるのです。

その際、感想をたくさん書こうとする必要はありません。たとえ少しだけであっても大丈夫です。大切なのは量ではなく、「自分がどんな感じを受けたのか」をじっくり見つめてみることです。面白かったのか、面白くなかったのか、それとも何も思わなかったのか。まずはその感触を確かめて記録します。

もしも面白いと感じたのであれば、どんなところが面白かったのかを少しだけ考えます。それも、少しだけで十分です。名探偵のように一気に答えを明らかにする必要はありません。ちょっと考えてみて何もわからなければそれでいいのです。無理やり答えをひねり出す方が不健全な結果になります。

しかし、「面白いと思ったけれども、どんなところがそうだったのかはわからなかった」という結果だけは気に留めておいてください。もちろん、その結果をそのまま記録しておけばよいでしょう。

何かを言葉にすることは、基本的には難しい行為です。

特に、出来事や明確な情報ではない「自分の感じ方」や「自分の考え方」になると、さらに難しさが増します。

ですから、感想をうまく書けなくても気にする必要はありません。

むしろ、「自分がうまく書けない〝感じ〟があるのだな」と体感するのは大切な経験のひとつです。

なぜなら、そうした気持ちを持って次の本にトライすれば、以前よりも少しだけ自分がどう感じているのかということに注意が向くようになるからです。

最初に述べたように、こうした趣味やライフワークは一度きりのプロジェクトとは性質が違います。一冊本を読めば次の本に、それを読んだらまた次の本にと、連続した営みが行われます。その過程の中で少しずつ変化していけばいいのです。

急激な変化は必要ありません。少しずつ考えて記録することを続けていくうちに、少しずつ視点や考え方が変わっていくようになります。

それくらいの時間感覚で取り組むのがよいでしょう。

読書ログの拡張

読書における基本的なログは、「書籍の情報＋感想」ですが、さらに拡張することも可能です。

ここでも事前・最中・事後のフレームが活躍します。

まず事前のログは、「これから買いたい本」や「これから読みたい本」のリストを作ることです。**読書展望ログ**と言えるでしょう。

それとは別に、本を読む前に事前の予想を書いておくこともできます。

「この本にはこういうことが書いてあるのではないか」
「こういう内容を期待している」

といったことです。

その記録もそこまで重要なものではありませんが、少なくともそうした意識を持っておくことは有用です。自分がその本にどんな期待をしているのかを意識していると、本の読み方だけでなく、本の選び方も変わってきます。

本を読んでいる最中に、ログを作ることもできます。たとえば、読書中にページの端を折ったり（ドッグイヤーと言います）、興味を惹かれた箇所に傍線を引くのも広い意味での「ログ」だと言えます。自分の注意がそこに向けられたという足跡を残しているわけです。

また、読むのが難しい本の場合は、登場人物のリストを作ったり、紹介されている概念を整理した図を描いたり、本全体のアウトラインをまとめたりといったこともできます。そうしたものを書き留めることで、それ以降の読書をスムーズに進められるようになります。ロールプレイングゲームでたとえれば、ダンジョンの地図を自分で作ることに相当するでしょう。親切な本ではそうした〝地図〟があらかじめついていることもありますが、自分で手を動かして作ると理解が進む場合が多いでしょう。

ただしこうしたログは、本を読むことをサポートするための行為であって、それ自身が目的になると本末転倒になってしまいます。

ログを取ることばかりに注意を向けすぎると、そもそも本を読むのが億劫になってしまうので、やり過ぎには注意してください。

ログはあくまで補助的なものです。

読後のログ

残すは、事後のログです。

プロジェクトログなどは最中のログが多くなりますが、読書に関しては事後のログが厚くなります。

本を読み終えた後に、時間を置いてから、その本について振り返りましょう。もう少し言えばその読書体験について振り返りましょう。これが一種のメタ認知を働かせることにつながります。

メタ認知とは、先ほどから何度か登場している「自分がどのように感じているのかに注意を向ける」という働きのことです。その俯瞰の視点が、読書という行為を変化させていきます。

とは言え、読書感想文が苦手な人は多いかもしれません。かくいう私もそうです。「正しい書き方」がまったくわからず、途方に暮れてあらすじだけ書き写し、紙面を埋めていた苦い記憶が今でも残っています。大学でレポートを提出する場合も似たような感じがあるでしょう。

ここでも、自分の注意の向け方が大切です。

漠然とすべての情報を追いかけるのではなく、そこにある起伏や陰影を掴んで、全体の輪郭線を捉えることに意識を向けてください。

「正しい書き方」はさておいて、自分がどんな感じを受けたのか。それをベースに話を進めるのです。そうして残すログの方が後々効いてきます。

感想を「きちんと」書きたい場合は、テンプレートを補助とすることもできます（「読書感想文」「テンプレート」で検索すればいくらでも見つけられます）。どんな観点で感想を書けばよいのかわからないときは、そうしたテンプレートは確かに役立ってくれるでしょう。しかし、これはあくまで自転車の補助輪のようなものです。自分で自転車を漕げるようになるためのサポートであって、不要になったらいつでも外せますし、外したほうがいいでしょう。

なぜなら、テンプレートに頼りすぎると、それ以外の観点を自分が持っていたとしても、うまく見えなくなってしまうからです。

大切なのは自分なりの観点ですから、それを見つけ、育みたいものです。テンプレートに沿った「正しい感想文の書き方」などは、自分のログにおいては不要です。

最初はテンプレートを使っていたとしても、慣れてきたら自分なりの見方を確立してみてください。こうした訓練によって、自分の体験をより豊かに、奥行きを持って膨らませられるようになります。

ログで「点」を「線」にする

継続してつけた読書ログを、一ヶ月や一年というスパンで通して見返してみると、大きなパターンが見えてくることがあります。

自分がどんなことに興味を持ち、その興味がどのように変化してきたのか。そうした流れが見て取れるようになります。

自分の興味がとても短いスパンで大きく変化しているなら、他人の影響を受けすぎている状態かもしれません。そのときはいったんブレーキを踏んでみることも有用です。情報のインプットを減らし、限られたものの中から興味の対象を探して、それを深堀りしていくのです。

こうした行動の修正は、「点」だけを見ているのではわかりません。

さらに、複数の多様なログを残し、線の数が増えていけば、自分の「面」が見て取れるようになります。自分への理解が少しずつ立体的になっていくのです。**点であったものをつなぎ「線」にすることでようやくわかる**ものです。

自分自身についての知見が得られることは、ログの大きな力と言えます。自分について知り、それを変えて行くためにはまず認識することが不可欠なのです。

記憶の強化

人間の脳は、関連的に駆動します。

ですから、書籍の情報や感想などをまとめておくと、ちょっとした手がかりで内容を思い出せることが増えていきます。

ログによって手持ちの情報が増えるだけでなく、自分の「脳」を育むことにもつながっていくのです。

何度も書いているように、単にログを巨大化させていくことにはあまり意味がありません。自分の手を動かし、自分の考え方や注意を変えていくことにこそ、ログを残す意味があります。

特に書くことが何もないなら無理をしてまで書く必要はありません。義務感に駆られたログは、たぶん「自分自身」を何も映してないでしょう。

とは言え、何も書かないことが当たり前になっていると、頭の使い方にも変化が生まれません。最初のうちは少し面倒に感じても、筋トレ感覚で感想を考えてみるとよいでしょう。

アイデアのログ

少し普遍性の高いログの一種として、アイデアログがあります。

特に、**アイデアを必要としている人には大いに役立つ**のがこのログです。

言い換えれば、仕事や生活の一切において何も変化が必要ないと感じているなら、こうしたログは不要であり、変化を求めているならば有用になります。

それはなぜかと言えば、変化にはアイデアが必要だからです。

アイデアが何もなければ、それまでと同じことを繰り返します。当然得られる結果も似たり寄ったりになるでしょう。しかし、それまでとは違ったことをすれば違った結果が得られます。それが変化です。そうした変化を導くものが、「よいアイデア」と呼ばれるものなのです。

しかし、ひとつ問題があります。

よいアイデアは、それだけを単体で思いつくのは不可能だ、ということです。別の言い方をすれば、よいアイデアの後ろには、たくさんの「あまりよくないアイデア」が存在しています。その比率は非常に大きく、1対10や1対100どころか、1対1000や2000くらいになっています。

つまり、数多の「あまりよくないアイデア」を思いつく中で、ごくたまに「よいアイデア」が見つかるくらいの割合なのです。

アイデアについては、まず「質」よりも「量」が重要になります。あるいは、そうした量を生む姿勢が鍵を握っているとも言えるかもしれません。

単にたくさんのアイデアがあることではなく、日頃からアイデアについて考える姿勢が大切で、そうした姿勢を持っていることによって自ずとたくさんのアイデアが生まれてくるようになるわけです。

そうして生まれたたくさんのアイデアの中には、いくつかはよいアイデアが含まれているので、それによって変化を起こせる、という構図になっています。

川で砂金を探すときは、まず砂を掬（すく）ってからその中に含まれている金をピックアップするわけですが、その感覚に似ているでしょう。

アイデアはメモするか、しないか？

ここで考えておきたいのが、アイデアの取り扱い方です。

これには、ふたつの姿勢があります。

「書き留める必要がある派」と、「書き留めなくても大丈夫派」です。

「書き留める必要がある派」のほうは、人間の忘れっぽさに注目し、アイデアをメモしておかないといつのまにか忘れてしまい、後で困ったことになると主張します。

対する「書き留めなくても大丈夫派」は、人間は大切なことは忘れないという点に注目し、思い出せないようなアイデアはもともと大したものではないので忘れても困らないと主張します。

クリエイティブな仕事では、日常的に新しい発想が必要とされるわけですが、そうした仕事に従事する人の間でも、この問題に関する意見は分かれており、統一的な見解はありません。それでも毎週やってくる「締め切り」といったアウトプットの期限を持っている人ほど、メモを支持する人が多い印象です。

おそらく「思い出せるもの」だけではアウトプットに間に合わないからでしょう。

本書はログを重視する立場なので、「書き留める必要がある派」であるかのように思われるかもしれません。しかし、先ほども述べたように、たくさんの量はあくまでも結果的なものであって、日頃の姿勢の方がはるかに大切です。

実際、どちらの立場であっても「毎日ボケーっと過ごしていたらよいアイデアが浮かんでくる」というような姿勢は肯定していません。

身の回りの物事に注意を向け、観察し、そこで何かを考えることの重要性は共通しています。

その意味からすると、実は書き留められたアイデアそのものはそこまで重要なものではありません。むしろ、そのログの元になる視線の向け方、頭の動かし方こそがアイデアを支えています。

極端なことを言えば、ある日突然自分のアイデアログがすべて燃え尽きてしまっても、次の日から発想ができなくなるわけではないのです。

ログというのはそういうものでしょう。あくまで記録の一種でしかありません。だからといって、ログが何の役にも立たないのかというと、それは違います。第一に記録を残すことで、自分がどれだけ考えたのか、という足跡が残ります。何について考えたのか、何について考えていないのかがわかるのです。

当然そこから自分なりの発想の仕方や、興味を持つ分野の傾向も見えてくるでしょう。こうした利用はこれまで紹介してきた通り、ログの基本的な使い方です。

また、アイデアを考えることに不慣れなときは、自分の足跡がそこからの歩みを支えてくれます。私たちは不慣れなことをついつい避けてしまう傾向がありますが、「昨日はこれだけ考えたし、その前もこれだけ考えた」というログがあれば、「今日も考えてみよう」という気持ちになりやすいでしょう。「それまで」の線が引いてあれば、「そこから」の線も同じ方向に延ばしていきやすいわけです。

よって、日常的にアイデアを考えている人だけでなく、そういうことを考えられるようになりたいと願っている人にとっても、アイデアのログは有効と言えます。

アイデアを別の角度から考える

第二に、アイデアのログを残しておくことで、別の角度で考えるチャンスが生まれます。

たとえばあるときに、次のようなアイデアを思いついたとしましょう。

「回転寿司屋の居抜きでカフェを造ったらどうか？」

間違いなく大したアイデアではありません。

しかしまずは、そのように認識できることがひとつのポイントです。

つまり、「自分が思いついたアイデアは、そんなに大したものではないな」と思えることに、価値があるのです。

なぜなら、何かを思いついた瞬間というのは、大抵それなりに面白く思えるからです。というか、そう思えなければなりません。

アイデアを思いつく心というのは、意欲的・積極的に何かを面白がる心だと言えます。周囲に目を向け、たとえわずかでも面白そうなものがあればそれを拾い上げる。そういう姿勢があることで、初めて他の人が見つけられないものを見つけることができます。

心のアンテナを目一杯に広げる、あるいは好奇心の蛇口を全開にする。

そのような気持ちがアイデアの量を生み出します。

しかし、そうやって集めているだけでは収拾がつかなくなります。

そこで時間を置き、熱い状態の好奇心を冷ましてから、自分のアイデアについて検討することが有効になります。つまり、思いついた瞬間の自分とは違った角度からそのアイデアについて考えるのです。

アイデアのログはそのために役立ちます。

● 考えたことについて考える

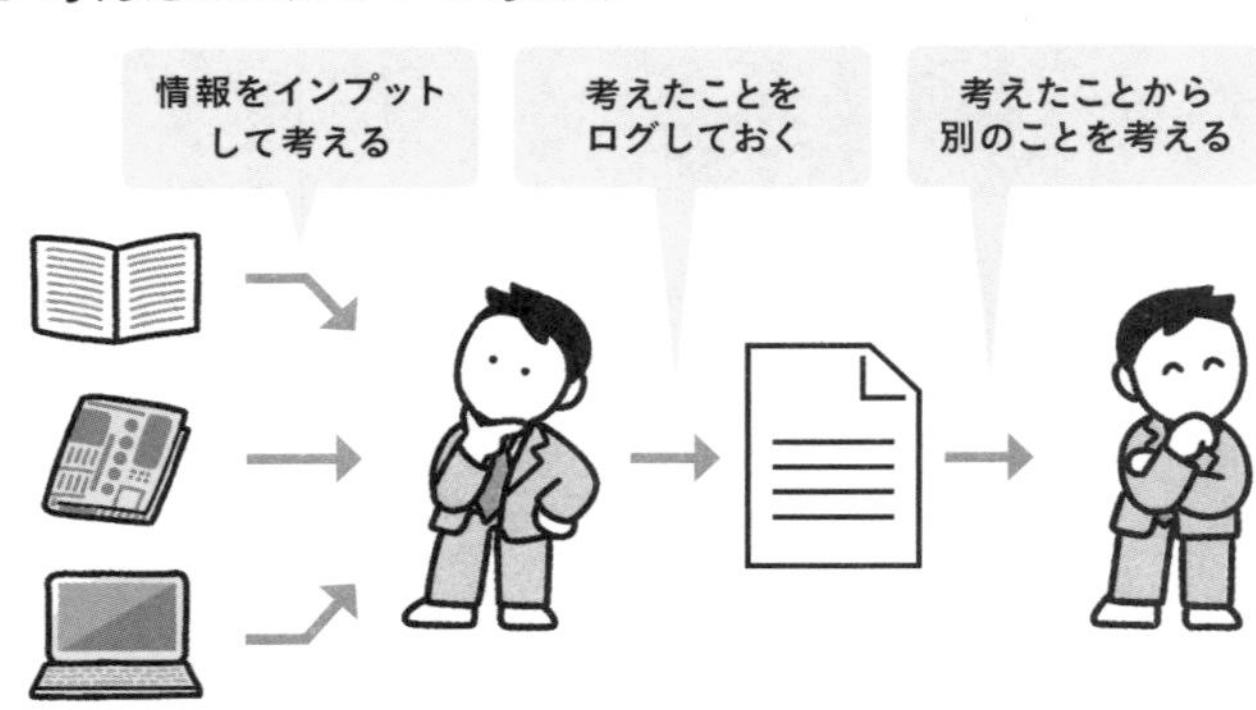

もちろん、もっと率直に別の角度から考えることもできます。たとえば、「寿司屋の居抜きで書店を造ったらどうか」

「いや、寿司屋ではなくパチンコ屋の居抜きでカフェを造ったらどうか」

と、部分を変更することで別のアイデアにつなげていくことができます。

これも、書き留めてあるからこそできる芸当です。

アイデアとは、自分の身の回りにある情報や、自分が認識した情報に対して、「それまでになかったこと」を考えてみることで生まれるものですが、アイデアのログを残しておくことで、「自分が考えたこと」もそうした対象に加えることができるようになります。

言い換えれば「自分が考えたこと」もひとつの情報として、そこから別の何かを考えられるようになるのです。

個人的な経験から言っても、書き留めたアイデアがそのまま使えることは稀です。しかし、そうして書き留めたことをひとつの刺激として、何か別のことを考える際には、うまく働いてくれます。

言い換えれば、**何かを作り出すときの「素材」にするのではなく、自分の思考を動かす「刺激」にする感覚です。**

その意味で、このアイデアログも、他のログと同じように自分の考え方を変えるために役立ちます。

アイデアログの書き方

では、そうしたアイデアログはどのように書き留めればいいのかというと、これにも定型はありません。というか、あまり形式張ったフォーマットは設定しない方がよいのです。

なぜなら、アイデアとは不定形なものだからです。

何についてどんなことを思いつくのか、事前にはわかりません。それがわかるなら、半分以上はアイデアではなくなっています。自由な気持ちで、対象についてさまざまに考えることがアイデアの肝です。型に押し込もうとすればするほど、頭の使い方も硬くなってしまいます。

だからこそ自由に書けばいいのですが、いくつかポイントはあります。

まずタイムスタンプはいつでも有用です。そのアイデアを思いついた日付を書き込むわけです。「ログ」としては当然でしょう。日付の情報があると、どのくらい前に思いついたのかがわかり、時間の経過とともに自分のアイデアの感じ方がどのように変化するのかがわかるようになります。

本文の書き方は、自分が思いついたことが完全にわかる「一行の書き留め」か、あるいは「全体の要約（タイトル）＋内容」の形がよいでしょう。

先ほどのアイデアを例に取ってみましょう。

● 一行の書き留めバージョン

「回転寿司屋の居抜きでカフェを造ったらどうか？」

● タイトル＋内容バージョン

「回転寿司屋の居抜きでカフェを造ったらどうか？」

オーダーしたコーヒーは直接運ばれてきて、それ以外の軽食や和洋菓子などが回転レールで回っている状態。ついついの「つまみ食い」を誘発させて、客単価のアップを狙う。空いているレーンで雑貨や書籍を販売したり、近くのお店の広告を載せることで別の仕方の収入を発生させられるのではないか。

ふたつのうち、どちらが望ましいのかと言えば後者の「タイトル＋内容」バージョンなのですが、慣れないうちはおすすめしません。

こうしてしっかり書くのはなかなかの手間であって、その手間が継続を阻害するからです。つまり、面倒になって続けられなくなるからです。ですから初めのうちは、まずざっと書き留めるくらいで構いません。

何度も言うように、これは何かを作るときの「素材」を集めているのではなく、自分の考えの足跡を残し、それを別のことを考える刺激にするためです。

完全でなくても十分機能します。

むしろ最初のうちは、ちょっと不完全くらいがいいかもしれません。

雑に書き留めると、後から読み返したときに自分が何を思いついたのかがうまく思い出せないことがあります。自分が書いたはずなのに、その意味が理解できないのです。これは「失敗」の体験ではありますが、ある種の書き方では自分ですらその意味がわからなくなる、いわんや他人では、ということを理解できるよい体験のひとつと言えます。

そこから、どういう書き方をすれば時間が経っても書いたことが理解できるのか、つまり「わかりやすくなるのか」を少しずつ訓練していくとよいでしょう。

こうした書き方は一種の要約であって、知的処理におけるきわめて重要なトレーニングと言えます。

アイデアはアイデアとして記録する

もうひとつ、

「アイデアはタスクのように書かない」

というのも、ちょっとしたコツです。

たとえば「あぁ、温泉旅行に行きたいな」と思ったとします。

そのとき、つい「温泉旅行に行く」と書いてしまいがちですが、そうするとこれはタスクになってしまいます。自分がそれをやろうとまだ決めたわけではないのに、あたかもそう決めたかのような記録が生まれるのです。ログの詐称ですね。これは日頃から仕事まわりでタスクを扱っていると、起こりがちな〝変換〟です。

実際は、「疲れたので、温泉旅行に行きたい」とか「温泉旅行に行ってみるのはどうだろうか」という形で、つまり思いついたそのままの形で書き留めるのが、アイデアログ的な記録と言えます。同様に「そろそろ禁煙をすべきか」と思ったら、「禁煙する」というタスクや目標の形ではなく、「そろそろ禁煙をした方がいいかもしれない」といった形で記録した方が、ログとして正確です。

ではなぜこのような形で記録するのかと言えば、後から別の視点で考えられるようにするためです。

たとえば、疲れが溜まっているならば温泉旅行以外の方法で癒やすこともできるでしょう。あるいは旅行に行くのではなく近場のスーパー銭湯に行くという選択もありそうです。こんな感じでひとつの「思い」があるとしても、それを実現する方法はひとつではありません。大抵複数見つかります。最初に思いついたのとは違う視点で考えれば、違った方法が思いつくことは珍しくないのです。

しかし、「温泉旅行に行く」というタスクとして書かれていると、あとは「それをどうやって達成するか」という視点になって、別の視点から考えられなくなってしまいます。これはずいぶん不自由ですね。言い換えれば、タスクとして書くと固まってしまって、変化が生じなくなるのです。視点の固定化です。

仕事の場合であれば、むしろ「言われたことをきちんと行う」ことが求められていて、別の視点は不要です。むしろ上司に「でも、このタスクって別のやり方をした方がいいんじゃないですか」と言ってしまったら空気が悪くなるだけでしょう。

言われたことをそのまま素直にこなしていく方が組織としては平穏です。

しかし、すべての物事はタスクというわけではありません。プライベートやライフワーク、個人事業ならなおさらです。そこで、自分が思いついたアイデア、特に行動に関するアイデアはタスクのようにではなく、アイデアそのままの形でログするようにしておきましょう。

ログを「カード化」する

ここまでで紹介してきたアイデアログは、「知的生産」と呼ばれる情報生成行為の入門だと言えます。実技の練習というよりは筋トレに近いものです。ごくごく基本的なお話です。

もしその基礎に慣れ、さらに発展させていきたい場合は、「カード法」という考え方が参考になるでしょう。

一枚のカードにひとつのアイデアを書き留め、それを使いながら情報生成を行うという方法です。

この方法は、本書が扱う範囲を超えてしまうので詳しくは紹介しませんが、カード法を紹介している本もいくつか出ていますので（たとえば梅棹忠夫の『知的生産の技術』岩波書店）、アイデアログに慣れてきて、さらなる一歩を目指す場合は探求してみてください。

とは言え、最初のうちはあまり難しく考えず、「アイデア」を書き留めることに慣れるのがよいでしょう。それだけでもログとしては十分に機能してくれます。

ログは人生のあらゆるシーンに使える

ここまで挙げた要素以外でも、さまざまなものがログの対象になります。たとえば食事の記録、運動の記録、お出かけや旅行の記録、買い物の記録、片付けの記録……etc。数え上げればきりがありません。

ログを取ってはいけない、という対象は存在しませんので（国家機密以外は）、自分が興味を持っているもののログが残せないかどうかを考えてみてください。

大切なのは、結局のところ自分の興味です。

さまざまな人が「こういう記録をつけるとうまくいく」と教えてくれますが、それはその人における正解でしかありません。

その人が興味を持ち、情報を集め、頭の使い方を変えていったからこそ、成果が得られたのです。みなさんにはみなさんの興味と人生があるわけで、それに合った記録を残すのがよいでしょう。

どのような記録を残す場合でも、ログのフレームワークは役立ちます。**「事前」「最中」「事後」のパターンでログを捉える**のです。

対象によって、どの部分のログが厚くなるのかは変わります。

また、すべてパターンのログを残す必要もありません。

自分にとって「効く」ログを、集中的に残していくのがよいでしょう。

のっぺりと記録するのではなく、陰影と強弱をつけるのです。

また、これまで書いてきたように、日付などのメタ情報を添えることや、自分がやったことや考えたことも合わせて記録するのは有用です。

そうした情報は、外部では絶対に手に入りません。自分の手で記録を残していくしかないのです。

逆に言えば、そうした記録を続けることによって、自分なりのログが生まれてきます。自分のことが記録された、自分に効くログが生まれるのです。

どんなログが自分に「効く」のかは事前にはわかりません。

お医者さんのように処方箋を渡すことはできないのです。

最初のうちはいろいろ試していくのがよいでしょう。

そして、ある程度慣れてきたら別のログに手を伸ばして、ログの体制そのものを常に変化させていきましょう。

そうして、探求の範囲を広げていくのです。


どんなやり方をするにせよ、肝心なのは自分が注意を向けている物事や行為を対象にすることです。あるいは、そういう対象を自分で選ぶことです。他の人が何を対象にしているのかは、究極的にはどうでもいい話です。もちろん参考にはなりますが、参考以上のものにはなりません。自分にとって何が大切なのかが、いちばんの肝なのです。そういうものを見つけてください。

もちろん、何が大切なのかも事前にはわかりません。

自分が何に注意を向け、何を大切にしているのかもログなしではなかなかわからないものです。だからこそ、自分が注意を向けている対象を記録し、そうした記録を見ながら自分が何に注意を向けているのかに注意を向けるようにしてください。

そのような循環がぐるぐる回っていく中で、少しずつ「自分」についてわかってくることが増えます。

そうした発見は、今すぐ役に立つことはない代わりに、自分が生きていく間ずっと力を発揮してくれることでしょう。

人生という長いスパンで考えること。

それもまたログがもたらす考え方の変容です。

第5章

シンプルなメソッドで「考える」を取り戻す

ロギング仕事術はシンプル

本書で紹介してきたロギング仕事術はきわめてシンプルなメソッドです。あまりにシンプルすぎて「メソッド」と呼ぶのもおこがましい感じすらあります。しかし、シンプルであることは何も悪いことではありません。むしろうれしいことが多いのです。

まず、**シンプルなので実行しやすい**でしょう。**実行しやすければ、身につけやすく**なります。

ノウハウは単に知識があるだけではあまり意味がなく、「使えてナンボ」ですから、シンプルで実行しやすいノウハウはそれだけでうれしいものです。

また、ややこしい要素がないので仕事をする際の邪魔になりません。複雑怪奇なメソッドは、それを実行するだけで「ひと仕事」になってしまいます。肝心の仕事に手が回らなくなったら本末転倒でしょう。シンプルであること、つまり必要以上に複雑にしないことは、いつでも意識しておきたい基準です。

あえて言うまでもありませんが、仕事術において大切なのは仕事をすることです。もう少し言えば、好ましい形で仕事を進められるようになることです。

ログはそのための補助でしかありません。航海中のログも同様でしょう。船の航海を順調に進めるためにログがつけられるのであって、立派な記録帳を作り上げることが目的ではありません。

大切なのは、船を前に進めて行く舵取りです。

その舵取りにログが役立つという話は、本書でたくさんしてきました。ログさえあればいいわけではなく、ログがなくてもまったく構わないというのものでもなく、両方の役割を重ね合わせること。それが必要な視点です。

だからこそ、シンプルであることが活きてきます。

シンプルであり、仕事の邪魔にならず実行できるからこそ、「記録しながら作業を進める」が可能になるのです。それが「ログ仕事術」ではなく「ロギング仕事術」と呼んでいる理由です。

名詞ではなく動詞として、あるいは進行形として捉えることが肝心です。

「記録しながら仕事を進める」とは、実行して、記録して、実行して、記録して……と、それぞれをサンドイッチのように重ねていくことです。どちらかだけではなく、両方をやっていくこと。本書でこれまで見てきたように、それは「現在」という時間に、「過去」や「未来」への思いをつなげていくことだと言えます。

言い換えれば、実行という大きな一連の行為の中に、過去のことを思い出したり、未来のことをイメージしたりという「考える」という行為を挟み込んでいくことです。

その意味で、ロギング仕事術は静的ではなく、動的なものです。動きとともにあるのです。

そうした動きによって、実行中の自分が持っている視点を変え、それまでとは違った考え方ができるようになること。

それが、ロギング仕事術の目指す状態です。

ロギングで注意を動かす

仕事をしている最中は、注意の向け方が非常に偏ります。目の前の対象や、今着手している作業ばかりに注意が向いてしまって、それ以外のことが頭に浮かばなくなるのです。視点が固定され、動きがなくなっている状態と言えるでしょう。

集中して目の前の作業を片付けるのは好ましい状態と言えますが、そこで何かしらの「問題」が起きると途端に混乱がやってきます。視点が固定されているので、別の仕方で考えることができず、うまく問題にアプローチできないのです。

みなさんは、後から振り返ったときに「なぜあのとき、こんな簡単なことに気がつかなかったのだろう」と思うような失敗をした経験はないでしょうか。それは、渦中にあって、集中が強いときほど視野が狭まってしまう証左です。そういう状態では、解決案が思い浮かばず、問題を必要以上に大きく感じ、自分がどうしようもない状況に陥っているというような感じを受けるものです。きっとストレスも溜まることでしょう。

ログを取ることは、そこに変化をもたらします。少し落ち着いて考える時間を取り戻させてくれるのです。

自分がやったこと、あるいはこれからやろうとしていることを書き留めようとすると、視点を少し引かざるをえません。目の前のことから一歩引いて、つまり少しズームアウトして考えられるようになるのです。地図アプリをイメージしてみるとよいでしょう。道を歩いているときはズームしていても、方角を考えるときはズームアウトして全体を見渡します。すると、詳細の情報は目に入らなくなり、大きな地形や建物の関係が浮かび上がってきます。それと同じです。

ログを書くことは、時間的な視点の変更をもたらします。

注意を向ける対象を変えることで、「現在」とは違う時間感覚が生まれるのです。過去に思いをはせ、未来をイメージしているとき、私たちは少しだけ「現在」から抜け出していると言えるでしょう。幽体離脱したような視点で、自分やその内側に注意を向けているのです。

別段、内側に注意を向けることが偉いわけではありません。それは地図をズームアウトして使うのが偉いわけではないのと同じです。

ポイントは動かすことです。

ズームした状態と、ズームアウトした状態を適宜使い分けること。言い換えれば、視点を固定させないこと。

そうした動きを入れることが、ロギング仕事術のポイントになります。

注意を奪うテクノロジーの台頭

現代では、注意をめぐる問題はより深刻さを増しています。情報テクノロジー全般が、人の注意を引きつけようと躍起になっているからです。

メールの通知ひとつをとってもそうでしょうし、最近ではＬＩＮＥやSlackなどのコミュニケーションツールの利用も一般的になっています。

それが私たちに「見て、見て」と訴えかけてくるのです。しかも、それらのツールは日々進歩しており、今後さらに私たちの注意を引きつけるように進歩していくことは明白です。

そんな環境にあっては、私たちは何かを考えているようでいて、実際は何も考えていないことがほとんどです。ある通知に反応したら、次の通知に反応する、というように反射的に対応しているだけなのです。短い時間で注意の対象がクルクルと入れ替わってしまう状態では、そうなってしまうのも仕方がありません。

そうした状態が続いていると焦る気持ちが消えず、状況に振り回されている感覚が残り続けます。メンタルは摩耗していくばかりです。

ログを書くことは、そうした状態に少しだけ変化を呼びます。


何かについて書こうとすると、必然的にその対象へ注意を向けます。

注意を向けずにその対象について書くことは不可能です。起きた出来事を思い出したり、予定や計画を検討したりするとき、私たちの注意はＳＮＳの通知などの、気を引きつけるテクノロジーではなく、自分の頭の中に向けられているでしょう。

そうした頭の働きが、あなたに落ち着きを取り戻させてくれます。あれやこれやと引っ張られている状態にブレーキをかけてくれるのです。

自動車の加速性能が高まるなら、それと同じくらいブレーキ性能も高まってくれないと危険ですよね。

注意を引きつけるテクノロジーについても同じことが言えます。ツールが私たちを強く引きつけようとすればするほど、そうした誘惑を遮断し、心の慌ただしさを減速させるためのツールやメソッドが有用になってきます。

「もっと慌ただしくなろう」

では なく、

「少し落ち着いて考えよう」

というテクノロジーが必要な時代なのです。

ログを「考える」ための道具にする

人間はさまざまな道具・テクノロジーを作ってきました。

その中には「考える」を補助してくれる道具もあります。

紙やペンもそのひとつですし、パソコンやデジタル端末も同様です。

そうした道具は、使い方次第で人の集中を促すこともあれば、逆に注意を散漫にさせてしまうこともあります。

道具は使い方次第で、その効果を大きく変えてしまうのです。

ところでみなさんは、上司から「もっとよく考えて仕事しろ」と言われたことはありませんか？

これは、よくある不完全なフィードバックの代表例です。

なぜなら、その「考える」やり方までは教えてもらえないからです。

巷には、「●●●●シンキング」というタイトルのビジネス書が数多くありますが、そうした本では思考のモデルを提供してくれてはいても、それを日常にどう取り入れていいかまでは教えてくれていません。

思考法という「道具の使い方」は放置されているのです。

言い換えれば、「考え方」は知識としていくらでも仕入れられますが、それをどのように使っていくのかという運用については教えてもらえないのです。

本書で紹介してきたロギング仕事術は、そうした運用方法の一種だと言えます。

たとえば、起きた出来事からパターンを見つけたり、過去の出来事から改善策をひねり出したり、未来の予定を段取りしたりといったことは、間違いなく「考える」ことの実例です。ただ反応するのではなく、「考える」ことが行われているのです。

もちろん、これ以外にもたくさんの「考え方」があります。

まるでパソコンのアプリケーションのように、さまざまな効果や機能を持った「考え方」が存在しています。

本書が紹介したのはそのごく一部に過ぎませんが、それでもひとつの基礎ではあるでしょう。

もし「考える」ことや、それによって起こされる変化を欲しているならば、ロギング仕事術から始めてみてください。

いきなり大げさな思考法を学んでも、考えるための時間や材料が手元になければどうしようもありません。

まず、小さく基礎的なものを固めていくところから始めるのです。

重ねて書きますが、考えればそれでいいわけではありません。**考えて、実行することが大切**です。

考えるだけの「頭でっかち」でもなく、実行するだけの「体でっかち」でもない、そのふたつが重なった状態を目指してください。

変化に対応できること

メソッドがシンプルであることには、別のうれしいこともあります。

アレンジしやすいのです。

何かを省いても構いませんし、何かを付け足しても構いません。

自分の使い勝手に合わせて、いくらでも変更できます。

使っていく中で興味の対象が変わってきたら、それに合わせて変化させることもできます。

その意味でも、ロギング仕事術には動的さがあります。

ひとつの方法に固定されていないのです。

たとえば私は、最初はリーガルパッドというアナログのメモ帳を使ってこうしたログを残していました。一日でやろうとしていることを書き、作業の着手前には開始時刻を、作業が終わったら終了時刻を書く。終わったものには赤ペンで線を入れておく。そういう運用です。

そのときは「ひとつの作業にどのくらいの時間がかかるのか」を熱心にログしていました。なぜなら執筆業にジョブチェンジしたばかりで、作業時間の見積もりがほとんどできなかったからです。

対して現在は、デジタルのツールを使って作業経過のログを重点的に残していま

● 著者の過去ログ

時期によってログの形は変化している

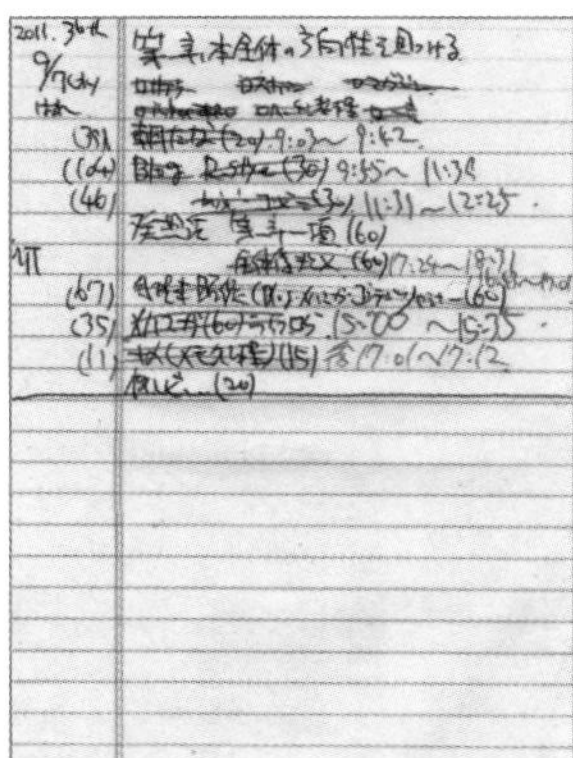

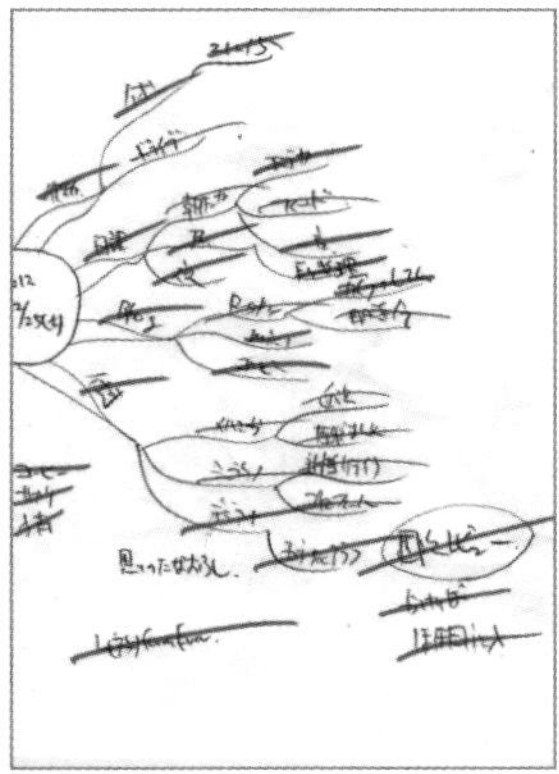

12:00

妻の昼食準備など

[re:vision]記事公開

◇第一回:デイリータスクリストのススメ｜倉下忠憲｜note
https://note.com/rashita/n/n98b23f862468

Tak.さんにアイキャッチ用の画像を渡しておく。案外、画像ファイルを一つだけ渡すのっていろいろ手段がある。メールを使うのが王道だが、とりあえずTwitterのDMにしておいた。あと、共有のScrapboxにも置いておく。

[僕らの生存戦略]

組版の方向性はまだ決まっていないが、とりあえず全体を通して読むこと。特に、1-3.1-4以降を重点的に。

頭から読み返していたら、まだまだ手を加える部分はあった。とりあえずそれを書き直して、文章を読みやすく整える。この作業は、非常に楽しい。

前回、1-2の最後にあった部分を、1-3に移動させたが、今日読み直してみたらやっぱり1-2の最後の方がよい感じがしたので、そのように移動してみた。そういう行ったり来たりはよくある。さらに、1-2の最後をどのようにまとめたらいいのかの道筋も見えてきた。

何度も読み返すことは、とても大切。

す。作業時間を残すことはほとんどしなくなりました。10年以上もこの仕事を続けているので、時間の見積もりが大体できるようになったからです。

その代わり、作業経過のログを厚めに取ることによって、作業プロセスそのものを改善しやすいようにしています。

だからといって、今のやり方が「正しく」て、昔のやり方が「間違って」いたわけではありません。

それぞれのタイミングによって、必要としている情報が違っているだけです。

過去の私に、今の私のやり方を伝授したとしてもうまくいかなかったでしょう。

そのときそのときで、自分なりにログの対象を変化させてきたことが必要だったのです。

「ログ」という固定的なものに従事するのではなく、**自分に合わせて「ロギング」していく**こと。

そうすることによって、個性が出てきます。

人それぞれで違ったログが生まれ始めるのです。

人間は一人ひとりが違った存在です。

だから、一つひとつのログもまた違ったものになるはずです。

そこには満点をもらえる正解もなければ、絶対的な間違いもありません。ただその人のログがあるだけです。当たり前の話に思えるかもしれませんが、それが見えにくくなっている時代でもあります。

身の回りの情報が、「これが正解です。このとおりにやりましょう」「大勢の人がこの方法をやっています」などと訴えかけてきたら、均一的な状態に向かってしまうでしょう。個性という差異が存在しないばかりか、存在してはいけないような雰囲気すら漂ってきます。

そんなものは無視すればいいのかもしれませんが、そうした情報もまた、進歩し続けているテクノロジーから発信されています。私たちの注意を引きつけ、あたかもそうであるかのように思わせる効果に長けているのです。

要するに、これも注意の問題なのでしょう。

自分自身にではなく、他人の在り方に注意が奪われている状態です。

そうした状態では、外部の情報ばかりが気になって、自分自身についてはなおざりになっています。

もちろん、常に新しい情報を仕入れていくことは必要でしょう。

しかし、そればかりでは疲れが溜まってしまいます。またそれ以上に「自分」とは誰であり、何者であるのか、という視点が失われてしまいます。大きな視点による位置づけと、そこまでの流れ（いわゆる歴史）が失われてしまうと、自分が誰なのかがわからなくなってくるのです。地図をロストした状態です。

おそらく現代ほど、瞬間的な刺激や刹那的な情報が多い時代はないでしょう。テクノロジーの進歩によって、人ができることは増えましたが、やらされていることも増えています。

そうした環境では、**ふたつの線を引く**ことが大切になります。

ひとつは「**自分のやることと、やらないこと**」という**境界線**。

もうひとつは「**自分が向かっていくべき方向に進む**」という**動線**です。

ログは、このふたつの線を引く手助けをしてくれます。

あるいは、自分について「考える」補助線になってくれます。

そうなのです。自分自身についても「考える」ことをしなければ、理解はできないのです。

私たちは「自分」をよく知っているつもりでいますが、ログを取ってみたらその理解がいかに浅いものだったのかを痛感するでしょう。自分が自分について知っていることは全体のごく一部であり、中にはまったく間違っているものすらあります。

もし「自分のことは十分に理解している」と思い込み、それ以上考えることをやめてしまったら、周囲から大量に入ってくる情報によって、自分を見失ってしまうことになるでしょう。

だからこそ、**自分が何に注意を向けているのかに注意を向ける**のがよいのです。目の前のことばかり考えていないか、周囲の情報ばかり気にしていないか――そうした観点を持つことで、初めてその状況を変えるために動くことができます。

逆に言えば、そうした観点を持たない限り、永遠に「目の前」に閉じ込められることになります。閉塞感と焦燥感があふれる部屋の中に閉じ込められるのです。

長いスパンで「考える」

記録を続けていった結果として、そこから変化が起こり、効率的になったり省力化が進んだりすることはもちろんあります。

しかし、ログを取ることの目的は効率化や省力化ではありません。

もしそうだとするならば「ログを取るのも手間だから、それをやめよう」という話になるでしょう。なんだか話がねじれてきます。

記録を残すことには、少しの手間がかかりますが、「考える」ためにはそれが必要なのです。

効率のためではなく、考えるためにこそ記録を残すこと。

もっと言えば、記録がなければ考えられなかったようなことが、考えられるようになること。

その点が肝心です。

たとえば、時間を置いて考えることで、それまでとはまったく違った考え方ができるようになるかもしれません。大問題だと思っていたことが、意外にそうではなかったと気がつく、なんてことはよくあります。あるいは、複数の情報を並べてみることで、誰も気がつかなかったことに気がつくことができるかもしれません。

そのように、**考える対象であったり、考え方であったりに変化を引き起こすこと。**それがログを取ることのいちばんの目的です。

その意味で、ログそのものにはそこまで大きな価値はありません。

ログを保存していれば「記録長者」になれるというわけではないのです。

ログを通して考えること。

それが展望を開いてくれます。あるいは過去の捉え方を変えてくれます。

そうした習慣を定着させることが、ロギング仕事術のポイントです。

落ち着いて考えて、しっかり行動できるようになること。

仮に仕事を変えたとしても、その習慣は残ります。

もちろんログ（記録）も役立ちます。

どちらも長期にわたる自分の資産となってくれるでしょう。

「実行」＋「考える」という組み合わせで物事を前に進めていく習慣は、パソコンの操作方法のように、ほぼどんな仕事においても役立つスキルです。

日々の仕事の中で、そうしたものをどれだけ生み出せているでしょうか。

それもまたログを振り返ってみないとなかなかわからない事柄です。

「考える」を取り戻そう

「考える」ことを取り戻す。

「注意」の制御を取り戻す。

それがロギング仕事術のいちばんの効能でしょう。

その効能が得られるならば、他のやり方だってまったく構いません。ログはいつだって変化させられるものです。大切なのは残しているログそのものではない、ということは何度も言及してきました。

瞬間と時間。

自分と外部。

この間を、行ったり来たりできるようになること。そのような思考の変化に向かうために、ログはよい補助になってくれるでしょう。

みなさんが、それぞれ自分なりのログにたどり着けることを願っております。

とりあえず、ロギングは実行してナンボです。実際に始めてみてください。

最初からうまくいかなくても気にする必要はありません。新しい習慣を身につけようとしているのですから、すぐにはうまくいかないでしょう。

でも、大丈夫です。

長いスパンで捉えること。

うまくいかなかったらその記録を残すこと。

そこから何かを考えること。

それがロギングな道行きです。

ログは続けることが大切ですが、だからこそ途中でやめても大丈夫です。本当にひどく忙しいときには記録なんてつけていられません。それが現実でしょう。

時間が経ち、少し落ち着いてきたら、また再開すればいいのです。

そうすれば、より大きな視点で続けていることになります。

「挫折」が「中断」に変身するのです。

ログがもたらしてくれるのは、そうした視点の変化です。

本書では、いくつかの観点からデジタルツールでログを取ることに焦点をあてましたが、「考える」ことを取り戻す目的であれば、アナログツールであっても構いません。自分の仕事中に使えて、ツールを使うことに注意を奪われすぎないものならなんだって役立ってくれます。

外部ではなく、内部に目を向けられるツール。

視点を引き、落ち着いて考えられるツール。

それを自分自身で見出してください。

最後になりますが、あなたのログはあなたにしか紡げません。

この言葉を贈っておきます。

「まずは書こう。話はそれからだ」

巻末に、クイックガイドを準備しておきました。

本書のまとめの代わりにお使いください。

では、よきロギングを。

クイックガイド

ロギング仕事術を進めていくための6つの指針

Appendix：
Quick
Start Guide

1 手近なところから始める

ともかくログを書き始めてみましょう。最新のツールをダウンロードしたり、新品の格好よいノートを買いに行くのではなく、手元にあるツールから始めてみてください。

ツールの性能は、ロギング仕事術における決定的な要素にはなりません。むしろ「自分の手がそのツールにどれだけ馴染んでいるのか」ということの方が影響が大きいと言えます。気楽に開くことができ、気楽に書き込められるツールから始めるのがスムーズな道行きです。

もちろん、最新ツールや新品のノートを使ってはいけないわけではありません。しかし、です。新しいツールを検討したり、ノートを買うための情報収集をするとしたら、そのログはどこに書くのでしょうか。せっかくログをスタートしようとしたのならば、まずそういうところから記録し始めてみるのがよいでしょう。

パソコンならば、メモ帳やテキストファイル、あるいはMicrosoft Wordのようなワープロソフトが使い慣れているかもしれません。人によってはExcelの方が使いやすいということもあるはずです。アナログならば普段使っている手帳やノートでよいでしょう。最初の数ページだけ使って後は白紙になっているノートがあればそれを「再利用」する手もあります。

そうした手近なものを使って、ともかく始めてみることです。そうして書き始めてみたら、「こういう機能が欲しい」とか「これはちょっと小さすぎる」ということが実感としてわかってくるでしょう。間違いなくそれは、新しいツールやノートを探すときの材料になるはずです。まさにそれがログの効用なのです。

行為に効率性を求めすぎる人は、何かを使い始める前に「必要な機能は何だろうか」と考える傾向があります。しかも、頭の中でだけ考えて、それを記録に残しません。ノー・ロギングな状態です。

もちろん事前に要素を検討しておくことは有用ですが、決定的な要素は使ってみるまではわかりません。ですから、ある程度検討を終えたら、あとは実際にやってみるのがいちばんです。ログに関してなら、まずログをつけ始めてみることが、最も「考える材料」を得られるわけです。

どんなやり方にせよ、ポイントは「大げさにしない」ことです。

大げさなことには準備が必要で、そうなると「もう少し時間ができたらやろう」などと機を窺うようになってきます。心が身構えるようになるのです。新しいノートを新調したら、きっと「よいことを書こう」「せっかく買ったのだから役立つことを書こう」などと決意が大げさになってくるでしょう。そうした決意は立派なものですが、手軽さ身軽さが失われて、「動き」が鈍くなってしまいます。

ですからツールにもこだわらず、書く内容にもこだわらないでください。

新しいツールについて考えたいなら、まずはそのことをログしましょう。

今日おこなった仕事や、今日やろうとしている仕事など、そんな身近なことでも結構です。もう少しでこの本を読み終えるなら、その感想を書くところからでもいいでしょう。

ともかく身構えないようにすること。

メモすることほど簡単なことはない――それくらいの気持ちで、ごく自然に書き留めていくことが継続の鍵です。ログは、瞬間的に巨大なパワーを発揮するものではなく、もっと地味に効いてくるものです。

だから大げさな装置はいりません。むしろ地味な装置がよいのです。

2 好きなことを書く

ログには好きなことを書きましょう。

言い換えれば、好きでもないことを無理して書く必要はありません。

自分の好きなことや自分が注意を向けていることを残すからこそ、「自分のログ」になります。そうでないものを入れ込んでしまえば、どんどん「自分のログ」からは遠ざかってしまいます。

それに、好きなことの記録なら続けやすいでしょう。

好きでもないことを延々と続けられるのは一種の才能であって、万人に求められるものではありません。ログを無理なく継続していくならば、好きなことを対象にしておくのがいちばんです。

とは言え、自分の好みにばかり閉じこもっていると「タコツボ」化してしまう懸念はあります。

そこで、本書で紹介した私のログや、ネットなどで他の人のログを見て、「ちょっとやってみようかな」と思ったら、ぜひやってみてください。いや「試して」みてください。最初は全然興味がなかったのに、続けているうちに面白さがわかってきた、という経験はいくらでも起こり得ます。そうした発見は「試して」みたからこそ得られるものでしょう。

ただし、すべての試行でそうした結果が得られるわけではありません。むしろ、割合はかなり低いと考えておく方がよいでしょう。うまくいってもせいぜい野球の打率くらいのものです。そもそも興味がない対象は、記録が継続しないことがほとんどです。そうなって当たり前であり、だからこそ「試す」のです。うまくいったらラッキーくらいの感覚で十分です。

人は、「試す」ことをせず、一回の行為で成功しようとしがちです。

自分でハードルを上げて、それを越えられないことに失望するのです。

大切なのは、一回の試行でどれだけ高いハードルを越えられるかではありません。継続的にどれだけの数のハードルを越えていけるかです。

最初はごく低いハードルであっても、続けていくうちに少しずつ高いハードルを越えられるようになってきます。

まさにそのような長いスパンで捉えることが「ログ」的な視点です。

あまり「成功させるぞ！」と身構えないでください。そうして構えれば構えるほど心も体も硬くなってしまいます。越えられるはずのハードルもそれでは越えられないでしょう。静的ではなく動的を目指すには、柔らかくあることが肝心です。「好きなことを書く」くらいの気軽な気持ちでチャレンジしてみましょう。

❸ 面倒なことはしない

他の人のやり方を見かけて「これは便利そうだな」と思っても、同時に「でも面倒そうだな」と思うなら、そのやり方はパスした方がよいでしょう。

その「面倒そうだな」という気持ちを押さえ込んで着手しても、長期的にはあまりうまくいきません。というか、ストレスが溜まるだけです。

何かしらのやり方を見て「これくらいならできそうだな」と思うレベルから始めるのが継続のコツです。

ログは一朝一夕で成果が出てくるものではないので、無理なく続けられる方法を選択するのがベストなのです。

「そんな簡単なことだけで大丈夫なのか」

と思われるかもしれません。

「お前はもっと面倒そうなことをやっているじゃないか」

と突っ込まれるかもしれません。

至極もっともな感想ですが、特に矛盾はないのです。

私自身は、傍から見たら面倒そうなことをやっていますが、それを「面倒」とは感じていないのです。むしろ「これくらいならできそうだな」と感じています。

これはトンチではなく、私が記録を残すことの価値を体感しているからです。

ここで、私が考える「面倒さの不等式」を紹介しておきましょう。

行為によって得られる価値　＜　行為にかかるコスト

この不等式が（心理的に）成立しているとき、人はその行為を「面倒」だと感じます。当然そうした行為を起こすにはかなりの頑張りが必要で、実行中はストレスも溜まります。継続は難しいでしょう。

ただし、この不等式はあくまで心理的なものでしかなく、変化していきます。たとえば、行為に慣れてくればコストが小さくなり、得られる価値が小さくても面倒さは感じなくなります。習慣と呼ばれる行為は、そうした状態にあると言えます。逆に、得られる価値を新しく発見したら、コストは変わらなくても不等式が逆転することが起こります。

私の場合は、そのふたつが重なっていて、傍から見たら面倒そうに思えることでも、「面倒さ」を感じることなく行為を続けられているのです。

重ねて書きますが、これは心理的なものです。

価値を「体感」していることが大切なのです。

いくら言葉でその効果を説得しても意味がありません。

体感がまったく伴わないので、先ほどの不等式に変化が生まれないからです。

何かしらのアジテーション（扇動）によって高揚感を高め、一時的に「面倒そう」という感覚を麻痺させることはできるでしょうが、それでは継続はおぼつかないでしょう。

毎日アジテーションされるわけにもいきませんし、そもそも耐性がついてきて、高揚感が生まれなくなってきます（その意味で、自己啓発書は薬と同じように〝服用〟した後に時間を置いてから別の本を読むと効果が続きます）。

行為を継続していると、ある程度慣れてきてその行為の価値がより強く体感されるとともに、行為のコストが下がってくるので、自然と新しいことにチャレンジできる余裕が生まれます。だからこそ、最初は簡単なこと（面倒さを強く感じないこと）から始めて、慣れてきたら少しずつ拡大・変化させていけばいいのです。

逆に言えば、ある時点で「これは面倒そうだからやめておこう」と判断したものでも、時間が経てば実践できるかもしれません。

「いつやるの？」という問いに対する答えは「今でしょ！」一択ではありません。「後からでしょ！」という選択もあります。

やるかやらないかは、後で変えればいいのです。

ですから、その時点で面倒そうだと思ったら「この方法は面倒そうだと思った」とログしておけばよいでしょう。後になってそのログを見て、また別の視点で「考える」ことをすればよいのです。

これも長いスパンで考える一例であり、ログ的アプローチです。

4 すべてをログしなくてよい

「ログは役に立つ」という話になると、「役立ちそうなものは何でも記録する」というふうに考えがちです。

もちろん面倒に感じないのならばよいのですが、実際は高確率で面倒が勝ちます。その上、大量に記録していると、自分が興味を持っているのかどうかすらだんだんわからなくなってきます。それではうれしいログにならないでしょう。

確かにログは重要で役立つものですが、書き留めたものを使うことが目的です。使い切れないログを残しても、役には立ちません。完全主義や完璧主義は捨てましょう。すべてを書き留めようとしなくても大丈夫です。

記録は、不完全でもまったく構いません。

行為の合間に立ち止まりながらログを書くということだけで、既に効果がありますし、それを読み返しながら何かを考えているだけでも役目を果たしています。

逆に言えば、何かを考えるのに役立つ程度の正確さであればそれで十分なのです。政府に提出する記録を作成しているわけではないのですから、あまり気負わずにいきましょう。

何事も、完全を目指すと疲れます。生き方でもそうでしょう。ゆるい記録でも役に立ちますし、独特の面白さも生まれてきます。

記録を見返したときに「これはもっと記録しておけばよかった」と思えたら、そこから記録の精度を上げていけばいいのです。

そのときは、確かな実感が伴っていますから、楽しく続けていけるでしょう。

5 記録に境界を設けない

「ログなんだから、未来のことを書くべきでない」

という思い込みはちゃちゃっと丸めてゴミ箱に捨てましょう。

「べき」という考え方は行動の範囲を狭め、可能性を小さくし、体を硬くしてしまいます。極論すれば、「たかがノートの使い方」です。自由に使えばいいではないですか。どこにも存在しない「正しいあり方」に縛られて、不自由さを自分から獲得しにいく必要はありません。

もちろん「ログに未来のことは書かない」と決めているならば、それは自分ルールであり、自由に使っていると言えます。そこに問題はありません。

ただし、自分がログを書いているとき、頭の中では未来のことを考えていて、そのことを書こうと思っているのに、「いや、これはログだから」と抑制するのはやめておきましょう。それは、単なる不自由です。

自分のログなのですから、自分が書きたいことを書けばいいのです。

まったく何も制約がなければ、どう使うのかを考えるのは難しいので「こういう使い方をしよう」と大きな枠組みを決めることは有用です。

しかし、それに縛られすぎず、何か書きたくなったら、それを書く。

それくらいの〝不真面目さ〟で構いません。

書いた後に、「いや、これは別の場所に書いてあった方がいいな」と思ったら、改めてその場所に書き写せばよいのです。デジタルツールならコピペで一発ですし、アナログだってそう大きな手間ではありません。

あるいは、続けて書いているうちに、脱線的な内容の分量があまりにも多くなってきたら、その時点で初めて「専用ノート」を作ればいいのです。「最初から分けておけばよかった」と思うかもしれませんが、それは結果的にわかったことであり、もっと言えば結果的にしかわからなかったことです。先回りして何もかもをうまくやろうとすると、反比例するかのように目の前のことがうまくできなくなります。

便宜的な区分は作っても、いつでもそこから脱線できるようにしておく。そうすることで、自由な使い方が可能になります。

6 定期的にフレームを見直す

ログは継続的な活動です。

そして、人は継続的な活動に慣れます。

その慣れは習熟を呼び、実行のためのコストを押し下げてくれるメリットがありますが、うれしいことばかりではありません。

慣れてしまって、新しいことをしなくなったり、ほとんど興味をなくしているにもかかわらず、引き続きログを続けてしまうようなことが起こります。

たとえば私は、20代の頃から新商品のアルコール飲料を飲んでは写真で残す、ということを続けていました。最初のうちは結構楽しく、自分のデータベースが育っているような感覚もありました。しかも、コンビニで働いていたので、そうした新商品の知識が増えることは仕事の役にも立ちます。価値を実感していたわけです。

そのせいでしょう。コンビニの仕事を辞め、今の執筆業に転身した後もずっと同じようにログを残していました。それを見返すこともなければ、役立てる機会もないのに、です。惰性という言葉が、これほど似合う事例もありません。

つい最近になってようやく「これ別に、要らないな」と気づいたので、積極的にログを残すのはやめ、たまにＳＮＳに投稿するくらいになりました。それくらいのバランスがちょうどよい感じです。

一方、読書についての記録は、今の仕事になってからより充実するようになっています。以前から本を読み、読書メモを作ることはしていましたが、もっと踏み込んだ記録を残すようになったのです。

ログは、継続的な活動であるからこそ変化が起こります。

人生そのものが、変化していくものなのですから、ずっと同じログを同じように続けていくのは不自然でしょう。変化に合わせてログの対象や内容も切り替えていきたいところです。

そうした意味でも、定期的にログの対象を振り返っておきましょう。最初のうちはやや短めのスパンで、慣れてきたら少しスパンを広げて振り返るのがよさそうです。

三日、三週間、三ヶ月くらいの間隔がちょうどよいかもしれません。

そのタイミングで、自分がどんなことをログしているのか、他に増やしたいログはないか、減らしても大丈夫なログはないか——そうしたことを検討するのです。

言うまでもありませんが、そこでもまたログが役立ちます。

ただし、ログのログを残す必要はなく、残っているログが「自分が何をログしているのか」というログになってくれます（ややこしいですね）。

ログの再検討を行うことが織り込まれていれば、今から着手するログもあくまで「暫定的」なものに留まります。後から不要だとわかったら止めればいいですし、書き方がまずかったら改めればいいのです。

逆に、そうした再検討が織り込まれていなければ、最初から適切なやり方を選択しなければならなくなります。それは相当に困難な作業でしょう。

ログを残すということは、すぐに答えを求めないということです。

言い換えれば、ログは未来に道をつなげるためのものです。

考えた上で、考え直す。

決めた上で、決め直す。

そんな「決定でありながらも、決定的でない」態度が、ロギング仕事術を支えています。これは、昨今よく言われるネガティブ・ケイパビリティ（答えの出ない事態に耐える能力）に通じる態度だとも言えるでしょう。

あまり深く考えず、あるいは一定量考えたら、記録を始めてください。

今すぐ手近なノートを手に取って（またはテキストファイルを開いて）、

「どう思ったのか」

「次どうしようと考えたのか」

を書き留めてみてください。

その瞬間から、ロギングはスタートしています。

ロギング仕事術

課題に気づく、タスクが片づく、成果が上がる

2023年 9 月 30 日　　初版発行

著　者……倉下忠憲

発行者……塚田太郎

発行所……株式会社大和出版

東京都文京区音羽 1-26-11　〒112-0013

電話　営業部 03-5978-8121 ／編集部 03-5978-8131

http://www.daiwashuppan.com

印刷所……誠宏印刷株式会社

製本所……株式会社積信堂

装幀者……山之口正和＋齋藤友貴（OKIKATA）

ISBN978-4-8047-1902-3